인테리어만 잘해도 좋은 집이 된다

행운을 가져오는
집 꾸미기

홍성훈 지음

서림문화사

행운을 가져오는 집 꾸미기

인쇄일	2014년 11월 05일 수정인쇄
발행일	2014년 11월 15일 수정발행
지은이	홍성훈
발행처	서림문화사
발행인	신종호
주소	서울시 종로구 낙산성곽서길 65-11
우편번호	110-490
등록	제300-1975-17호(1975.12.1.)
전화	02-763-1445 / 02-742-7070
팩스	02-745-4802 / 031-395-4802
ISBN	978-89-7186-681-8 13630

정가 22,000원

※ 잘못된 책은 교환해 드립니다.

책을 내면서

풍수지리학은 어려운 학문으로 인식이 되어있다. 풍수지리학은 배우고 연구하는 사람에 따라 차이가 있지만 정확한 전문적인 풍수는 매우 어렵고 오랜 연구를 필요로 하는 힘든 학문임에는 틀림없다. 풍수지리학은 몇 년부터 길게는 몇 십 년 동안 오랜 기간 동안 많은 연구와 공부를 하여야 한다. 책으로만 공부하는 것이 아니라 실제로 산과 물을 찾아다니며 산의 흐름과 물의 흐름, 바람의 방향 등을 자세히 살피며 발로 뛰면서 실지로 실무를 익혀야만 한다.

이 책에서는 양택에서 일반 개인주택과 아파트의 풍수인테리어에 관해서 전반적으로 다루었다. 여기서 밝혀두는 것은 『음택편』과 이 책에서 미비하고 더 공부할 「인테리어 풍수」에 관한 부족한 부분과 양택에서도 회사 사무실이나 상가의 가게에 관해서는 기회가 있을 때 다시 책으로 정리하기로 하겠다. 필자는 오랜 경험과 강의를 통해서 보다 쉽고 일반인이 쉽게 접근할 수 있는 방법을 연구해 왔다.

좌 : **최수형**(여) 아나운서   우 : **필자**(홍성훈)

먼저 양택에서의 「인테리어 풍수」를 체계적으로 정리해 보았다. 독자들이 누구나 알기 쉽고 바로 활용할 수 있도록 「인테리어 풍수」의 교과서를 만들고자 정성을 기울였다. 이제까지 발표된 수많은 서적들과 달리 초보자는 물론 10대부터 100세까지 남녀노소(男女老少)를 불문하고 어느 페이지를 열어도 한 문장 단문으로 매우 쉽게 실천 할 수 있도록 힘썼다.

건강하고 행복하며 운이 좋은 사람은 좋은 인테리어로 배치한 방에서 살아가고 있다. 「인테리어 풍수」는 좋은 점은 북돋아 주고 나쁜 점은 좋게 고치어 삶에 활기를 주고 윤택하게 하는 것이다. 누구든지 건강과 행운을 바란다면 집안의 인테리어에 한번쯤 세심하게 생각해 보자. 가구의 배치를 바꾼다든가 관엽 식물을 둔다든가 조명이나 그림을 설치하는 등 간단한 활용으로 얼마든지 운을 바꿀 수 있으므로 자신감을 가지고 실천해 보기를 원한다. 반드시 삶의 질을 높여 행복하고 운이 트인 밝고 희망찬 미래가 보일 것이다.

이 책은 주간지 뉴스매거진에 '건강과 행운을 주는' 「인테리어 풍수(風水)」라는 제목으로 연재(2004년부터 8년간)되면서, 또 RTN 부동산 TV 생방송 '풍수지리' 「무엇이든 물어보세요」에 고정 출연하면서 많은 독자와 시청자들이 한권의 책으로 만들어 달라는 성원에 힘을 얻어 발간하게 되었다.

그리고 오늘 한권의 책으로 탄생하기까지 열과 성을 다하여 체계적으로 전문인으로 거듭날 수 있도록 가르쳐 이끌어 주셨고, 격려와 사랑으로 추천의 글도 주신 황영웅 선생님에게 진심으로 감사드린다. 처음 풍수지리학을 접할 수 있게 해주신 이한종 선생님께도 감사드린다. 더욱이 나라와 하늘의 일을 하시는 공주님과 그 가족들에게 늘 감사드리며, 또 책표지와 사진들을 정리하고 편집해준 홍경의, 상의에게도 고마움을 전한다.

끝으로 예쁜 책으로 만들어 주신 서림문화사 신종호 대표님께 진심으로 감사드리며, 오용수 원로시인님과 이은별 시인님께 항상 마음속 깊이 감사드린다.

이 한권의 책이 어느 누구에게나 흥미롭고 즐겁게 읽혀 독자분들에게 건강과 행운을 안겨주기를 진심으로 바란다. 아울러 모든 가정이 긍정적으로 건강하고 행복하게 웃을 수 있는 여유로운 삶이되는데 작은 힘이라도 된다면 더없는 영광과 큰 보람으로 삼겠다. 마음이 모든 것을 만든다(一切唯心造 일체유심조). 대한민국이 세계정신지도국이 될 것이며, 미래는 매우 밝고 희망차다. 힘을 내자. 모든 분들을 사랑합니다.

* " 笑(웃는)인테리어 풍수 "(2011년 2월10일 발행)를 그동안 보완하고 미비했던 부분을 더 추가하여 " 행운을 가져오는 집 꾸미기 "로 고희(古稀)을 맞으며 새롭게 재 발행함을 밝혀둔다.

고희(古稀)를 맞으면서

洪村 홍성훈

출판을 진심으로 축하하며

황 영 웅 (비봉산인, 영남대 환경설계학과 교수)

먼저 사랑하고 자랑스럽게 아끼는 제자 중 한 명인 홍성훈 제자의 "행운을 가져오는 집 꾸미기" 출판을 진심으로 축하한다.

풍수지리학 하면 누구나 어렵고 힘든 학문으로 오랜 기간을 연구하고 공부해야 된다고 생각한다. 맞는 말이다. 그러나 요즘 깊이 연구하거나 공부하지 않고 일부 사람들은 대충 몇 권의 책과 몇 번의 관산 등을 통하여 겉만 그럴 듯하게 하고 풍수의 대가라 자칭하며 음택[묘자리]을 보아 준다든지 양택[집터]을 보아 준다고 하는 것을 보면 걱정이 앞선다.

명당은 그렇게 쉽게 얻기도 힘들지만 그래도 길지나 무해무득한 곳이라면 좋지만 만약 흉지 등을 음택이나 양택으로 골라준다면 그 집안이 몰락할 수도 있는 것이다. 그럼으로 함부로 풍수를 잘한다고 이곳저곳 광고를 떠들어 댈 수가 없는 것이다. 풍수지리학은 크게 음택과 양택으로 나누어진다.

이 책에서는 양택에서도 풍수의 가장 기본적이라 할 수 있는 「인테리어 풍수」를 다루었다. 풍수를 깊이 모르는 학생이나 남녀노소 누구든지 바로 활용하여 실용화되도록 아주 쉽게 정리하여 한눈에 볼 수 있도록 했다.

저자 홍성훈은 20여년을 나에게서 성실히 공부했다. 그 바쁜 신문사 생활에서도 동국대학교와 KBS 사회교육원 생활풍수를 배워 수료하는 열정을 가졌다. 생활풍수 학업시간에는 한 번도 빠짐없이 앞좌석에 앉아 열심히 배우며 질문도 많이 하는 모범 수강생이었다. 더욱 매월 일요일 관산에도 꼭 참석하여 메모를 하면서 배웠다.

한 번은 다른 여러 곳에 강의도 하는 것을 알고 이제 대학에 와서 체계적으로 학생들을 가르쳐 보라고 권했다. 그러나 아직도 배우고 있는 입장이라며 늘 겸손히 사양하였다.

어느 부분들은 나와 견해 차이를 보이는 부분도 있지만 나름대로 연구하고 공부하는 모습에 고마움을 느낀다. 사람의 심성은 샘물과 같아서 퍼낼수록 맑게 고인다고 본다. 저자는 평소에 늘 조금 손해 보면서 산다는 마음으로 다른 사람을 배려하는 모습과 국민들의 건강과 행복을 진심으로 바라는 마음이 참 아름답다. 더욱 바쁜 중에도 시각장애우 책읽기 녹음봉사와 어린이와 노인들을 위해서 열심히 찾아다니며, 강의도 하고 동화구연과 시낭송은 물론 탈춤 등으로 즐거운 시간을 함께하며, 웃음으로 봉사하는 모습은 정말 가슴을 따뜻이 하는 아름다움이다.

이 책을 통해 독자 여러분들이 좋은 기운을 얻어 건강하고 행운이 가득한 풍요로운 인생이 되는데 작은 도움이 되리라 확신하며 이 한 권의 책을 기쁜 마음으로 추천한다.

추천인 **황영웅**

차례

┃ 책을 펴내면서 __ 3
┃ 추천의 글 / 출판을 진심으로 축하하며 - 황영웅 __ 7

제 1 장 풍수지리학이란?

1. 인테리어 풍수도 출발점은 풍수지리학에서 비롯된다 __ 21
2. 음택풍수와 양택풍수로 분류 __ 23
3. 음택풍수로 명당 중에 명당은 흥선대원군의 아버지 남연군의 묘 __ 26
4. 양택풍수에서 명당은 동아일보를 창간한 인촌 김성수 선생 생가 __ 43
5. 명당은 꼭 여자의 성기와 닮았다 __ 54

제 2 장 대지(垈地)와 택지(宅地) 선정

1. 동사택과 서사택이란? __ 62
2. 음양오행설이란? __ 74
3. 상생(相生)과 상극(相剋) __ 83
4. 주역팔괘(周易八卦-동, 서, 남, 북, 북동, 남동, 남서, 북서) 방위와 음양오행의 목화토금수

(木火土金水) 방향 표시도 __ 85
5. 8방위의 성격과 특성 __ 86
6. 방위(方位)와 오행(五行)에 맞는 직종과 직업 __ 93

제 3 장 양택이 갖추어야 할 전체적인 요약

▎사람살기에 편안하고 적합한 곳은 먼저 집터가 좋아야 한다 __ 98
▎가상의 결함과 생기가 약하면 풍수인테리어를 해야한다 __ 100
▎농촌과 도시의 양택 __ 101
▎주택의 삼요소(三要所) __ 102
▎부엌이 길하면 자손이 번창하고 흉하면 자손이 없다 __ 102
▎오행론(五行論) __ 103
▎나무의 오행은 나뭇잎을 보고 구분한다 __ 104
▎오행에 따른 소품들 __ 106
▎대문 앞에는 큰 나무가 없어야 한다 __ 107
▎건물은 안정되고 균형이 잡혀 미끈하게 아름다워야 한다 __ 110
▎관엽 식물은 집안에 생기를 일으킨다 __ 114
▎옷 코디하기 __ 115
▎그림을 통해 집안의 온기를 올린다 __ 116

1. 집에 신경을 쓰자 __ 117

2. 사람에 관상이 있듯이 집에는 가상(家相-집의 관상)이 있다 _ 120
3. 사람과 사람은 서로의 기를 주고받아야 한다 _ 123
4. 담장과 울타리는 지나치게 높거나 너무 낮아도 불길하다 _ 126
5. 막다른 집과 골목 끝의 집은 나쁘다 _ 128
6. 사는 집은 사람의 기(氣)를 변화시킨다 _ 130
7. 어떤 방위에 어느 종류의 정원수를 심으면 좋은가 _ 132
8. 대표적으로 쓰이는 정원수 _ 133
9. 장소에 따라 심지 않아야 할 나무 _ 134
10. 양의 기운과 음의 기운의 식물 구분 _ 135
11. 한국의 대표적 양택 모습 _ 136

제4장 아이들 방 이렇게 꾸미자

1. 아들은 동쪽과 북동쪽 방, 딸은 동남쪽과 남쪽 방이 좋다 _ 160
2. 예술가, 판사, 검사, 선생으로 키우고 싶으면 남쪽방이 좋다 _ 164
3. 자신의 띠와 맞는 방위에 책상을 배치하자 _ 168

제5장 대문과 현관은 이렇게 …

1. 대문을 정하는 방법 _ 175
2. 대문은 첫인상을 결정하는 중요한 얼굴 _ 182

3. 대문과 현관에서 안방이 곧바로 보이면 좋지 않다 _ 185

4. 신발장이 없는 현관은 운기가 좋지 않다 _ 190

5. 아이 신발은 중앙에 _ 193

6. 현관 정면에는 거울을 두지 않는다 _ 195

7. 현관 벽에 그림은 풍경화가 좋다 _ 198

제 6 장 거실은 이렇게 꾸미자

1. 거실은 밝아야 금전 운이 좋다 _ 207

2. 운을 부르는 색을 쓰자 _ 212

3. 소파가 출입문을 정면으로 바라보지 않는다 _ 214
   - 소파와 현관이 대각선을 이루는 것이 좋다
   - 소파는 동쪽과 남쪽을 보며 서쪽에 둔다

4. 목제로 된 나무 테이블이 좋다 _ 217

5. 꽃병은 도자기가 더 좋다 _ 219

6. 거실에는 겹커튼을 달면 좋지 않다 _ 220

7. 산수화나 꽃그림은 가족의 행복, 포스터는 좋지 않다 _ 222

8. 융단은 계절마다 바꿔주고, 중앙엔 미니 카펫 정도가 좋다 _ 226

9. 가전제품은 동쪽에 배치한다 _ 229

10. 거실에 수조를 두는 것 자체가 좋지 않다 _ 233

11. 거실엔 관엽 식물을, 천정까지 닿는 무성한 화분은 좋지 않다 __ 235
12. 관엽 식물 화분의 배치를 알아보자 __ 239
13. 거실에는 밝고 둥근 형태의 조명이 좋다 __ 242
14. 조명기구로 빠져나가는 기를 붙잡는다 __ 247

제 7 장 아늑한 침실꾸미기

1. 침실은 넓고 깨끗하며 집의 중심에서 북쪽이나 북서쪽이 좋다 __ 252
2. 남편은 침대 제일 안쪽에서 자야 부부금실이 좋다 __ 257
3. 침실에는 가전제품을 피한다 __ 259
4. 옷장은 꼭 마련한다 __ 267
5. 금전 운을 원하면 노란색이나 금색이 좋다 __ 270
6. 베개의 방향은 이렇게 __ 275

제 8 장 주방, 부엌은 이렇게 …

1. 부엌은 집안의 돈복. 주방은 동쪽, 남동쪽, 북서쪽, 북쪽이 좋다 __ 283
2. 부엌이나 식탁은 청결하게, 부엌이 더러우면 돈복과 건강이 나쁘다 __ 292
3. 주방에 시계를 걸어두면 금전 운이 좋아진다 __ 294
4. 크고 화려한 색상의 외제 냉장고는 가족의 사랑을 잃는다 __ 297

5. 네 귀퉁이에 모두 다리가 있는 나무 테이블이 좋다 __ 299

제 9 장 화장실과 욕실은 이렇게 꾸미자

1. 화장실에 어울리는 길한 방위는 없다 __ 306
2. 화장실 조명은 편안히 책을 읽을 정도의 밝기가 좋다 __ 312
3. 화장실 청소도구는 항상 잘 정리한다 __ 313
4. 흰 수건은 깨끗함, 화장실 슬리퍼는 반년마다 바꿔준다 __ 314
5. 수건은 한 장으로 가족이 공동으로 쓰지 않도록 한다 __ 316
6. 넓은 욕실을 사용, 북쪽 욕실은 남편이 바람피울 수 있다 __ 317
7. 깊은 욕조는 돈에 집착하여 항상 돈에 허덕인다 __ 320
8. 샴푸와 비누는 좋은 것을 쓸수록 사회적인 인기가 높아진다 __ 321

제 10 장 서재는 이렇게 꾸미자

1. 서재를 배치하는 방위는 북쪽이나 북서쪽이 가장 길하다 __ 326
2. 서재에서는 잠을 자지 않는 것이 건강에 좋다 __ 330

▎글을 맺으며 __ 332
▎참고문헌 __ 339

제1장
풍수지리학이란?

✣ 인테리어 풍수도 출발점은 풍수지리학에서 비롯된다
✣ 음택풍수와 양택풍수로 분류
✣ 음택풍수로 명당 중에 명당은 흥선대원군의 아버지 남연군의 묘
✣ 양택풍수에서 명당은 동아일보를 창간한 인촌 김성수 선생 생가
✣ 명당은 꼭 여자의 성기와 닮았다

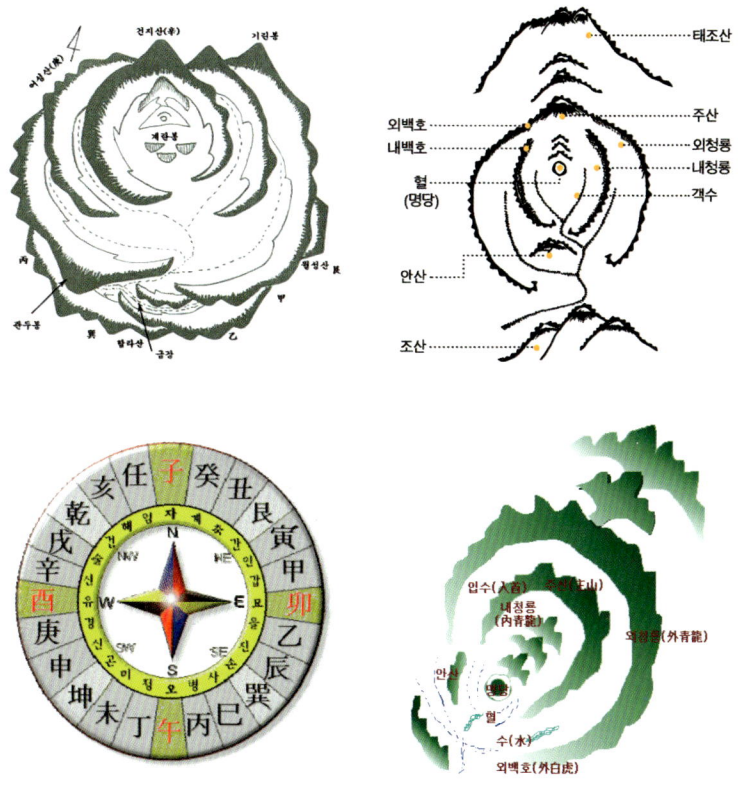

제1장   풍수지리학이란?

인생(人生)이란 글자를 우리 글로 써보면 '0'에서 시작해서 '0'으로 끝난다. 인간은 자연(自然)에서 빈손(0)으로 왔다가 하늘에 순종하면서 자연과 함께 살다 결국 빈손(0)으로 자연으로 되돌아가는 것이 세상의 순조로운 이치다.

우리 조상들은 옛날부터 하늘을 두려워하며 하늘을 공경하였고 땅과 더불어 도움을 받으며 자연에 적응하면서 슬기롭게 살아왔다. 선조들은 자연의 신비로움을 경험하며 이를 이해하려 노력하였다. 하늘과 땅의 자연의 오묘한 이치를 알고 깨우치려 오랜 연구를 해왔다.

이로 인해 이롭고 좋은 점들을 생활에

슬기롭게 적용하여 보다 나은 삶의 질을 높였다. 더욱 풍요롭고 활기찬 건강으로 행복하게 살아가도록 힘썼다. 이것이 오늘날까지 전해져 내려오고 있는 풍수지리학이다.

풍수지리학은 자연이며 바로 우리 조상들의 지혜와 살아오면서  겪은 생활철학이 고스란히 담겨 있는 것이다. 풍수지리는 한 나라의 흥망성쇠(興亡盛衰)와 한 집안과 인간에게 길흉화복(吉凶禍福)의 영향을 준다고 본다.

풍수지리(風水地理)에서 풍수(風水)는 장풍득수(藏風得水)의 약자다. 바람과 물을 얻는다는 의미이다. 바람과 물의 기운이 적절히 잘 조화를 이룬다는 것이다. 바람과 물과 땅 그리고 하늘의 이치를 파악하여 인간의 삶에 유익하게 활용하고자 하는 인간과 자연과의 바른 관계를 설정하는 학문이다. 바람과 물이 중요한 것은 하늘의 기운인 천기(天氣)와 땅의 기운인 지기(地氣)가 이루어내는 자연의 상태이기 때문이다.

"땅의 기운은 절대 거짓이 없고, 용서도 없다."고 했다. 이는 좋은 땅은 반드시 이로움이 있고, 흉한 땅은 그 누구도 견디기 어렵도록 힘들게 한다는 논리다.

산은 밝고 물은 맑으며 태양은 아름답고 공기는 부드러워야 한다.

우리 조상들은 음양오행(陰陽五行)과 우주론인 주역(周易)을 근거로 사용된 오방정색(五方正色)인

좌청룡[木] → 청색[파랑, 초록색 - 3, 8] /나무[木] / 동쪽/봄,

우백호[金] → 백색[흰 4, 9] / 쇠[金] /서쪽 / 가을,

남주작[火] → 붉은색[분홍색, 빨강 - 2, 7] / 불[火] / 남쪽/여름,

북현무[水] → 흑색[검은색, 회색 - 1, 6] / 물[水] / 북쪽 / 겨울,

중앙[土] → 황색[노란색, 갈색 - 5, 10] / 흙[土] / 중앙 / 환절기를 기준으로 했다.

01 인테리어 풍수도 출발점은 풍수지리학에서 비롯된다

인테리어 풍수도 출발점은 풍수지리학에서 비롯된다. 그러므로 간단히 풍수란 무엇인가를 알아보자.

아직도 많은 사람들이 풍수를 미신이나 근거 없는 비과학적인 이론으로 생각하고 있다. 풍수의 바탕은 바로 동양사상의 핵심으로 음양오행설에 근거를 두고 있다.

풍수가 다루는 영역은 주역(周易)에서부터 심리학이나 점성술을 지나 건축학에 이르기까지 실로 광범위하다. 풍수에 관한 서적들은 헤일 수 없이 많다. 또 각 대학에서도 풍수지리학이 인기를 끌면서 연구되고 있다. 동양이론인 풍수지리가 우리나라를 비롯하여 홍콩이나 일본같이 미국 등 구미와 유럽에서도 최근 풍수지리설을 믿고 기(氣)와 복(福)을 얻을 수 있는 주택과 사무실을 구입하는 사람이 많아지고 있는 현실이다.

풍수인테리어는 풍수이론에 바탕을 두어 좋은 집터(사무실, 가게)를 골라서 방위에 맞게 실내 구조를 설계한다. 다음 수요자의 타고난 사주(四柱)와 조화에 맞추어 각 방위별로 용도에 알맞게 창문이나 문의 크기를 비교하여 실내 장식물의 위치나 색상을 정하여 공간에 배치한다.

풍수지리와 인테리어 하면 서로 조화되지 않을 것 같지만, 풍수지리와 인테리어를 접목하여 체계화시킨 것은 미국에서부터 시작되었다. 동일한 위치에 같은 종류의 영업을 하고 있는 두 업소의 경우 한 집은 흥하고 한 집은 파리만 날리는 사례를 종종 주변에서 본다. 어떤 기업은 하는 일마다 잘되는 기업이 있는가하면, 새로운 사업을 펼칠 때마다 실패하는 회사가 있다. 회사(사무실)위치와 자리 배치와 실내 인테리어가 임직원의 건강과 사업의 성패에 지대한 영향을 끼친다고 본다.

02 음택풍수와 양택풍수로 분류

풍수학은 음택(陰宅 : 죽은 사람의 묘 자리)과 양택(陽宅 : 산 사람이 거주하는 집)으로 분류된다. 음택에서의 풍수는 명당(明堂)을 쓰고 몇 십 년에서 일백년 이내에 발복(發福)이 점차 이루어지지만, 양택의 풍수는 당대에 발복하여 길흉화복(吉凶禍福)이 음택보다 신속하게 나타난다.

양택은 산 사람이 거주하는 공간이므로 주위의 환경에 많은 영향을 받는다. 풍수지리의 근본은 묘지는 조상의 집이고 주택은 자손들의 집이다. 뿌리와 나무와 잎과 열매의 관계이다.

뿌리가 튼튼하고 깊으면 나무가 튼튼하고 가지가 번성하여 잎이 무성하며 좋은 열매를 맺는다.

좋은 곳 길지(吉地)에 묘를 쓰면 부모의 정기는 뼈로서 자손에게로 생기를 전하여 후손이 복을 받는다. 묻힌 자리가 좋은 땅 명당(明堂)이라야 한다. 좋지 못한 땅 흉지(凶地)는 도리어 화를 부른다. 묘를 잘못 쓰고 집안 망했다는 말이 나온다.

땅의 기운(氣運) 중에는 일반적으로 생기(生氣), 지기(地氣)라 불리는 기운을 기맥(氣脈)이라 하고, 그 기운이 뭉쳐 있는 곳을 혈(穴)이라 한다. 흔히들 명당이라 하는 것은 혈을 의미함이고, 혈(穴)자리 앞의 마당을 명당이라 한다. 옛 시절에는 명당(明堂)은 임금이 신하의 조현(朝見)을 받던 앞뜰 궁전을 지칭하는 말이었고, 풍수에서는 주산과 좌청룡, 우백호 그리고 앞쪽의 안산, 조산으로 둘러싸인 아늑한 장소를 가리키는 말이다.

음택은 지기(地氣)가 중요시된다. 따라서 산의 기맥의 흐름이나 내룡과 혈이 초점이 된다. 풍수는 우리와 늘 가까이 있고 인간의 삶의 생활에 좋은 영향을 준다. 말없이 솟은 산도 풍수에선 살아있는 산과 죽은 산으로 나뉜다.

구불구불[屈曲]하거나 솟았다 엎드렸다[起伏] 하며 흐르는 산이 살아있는 산이요, 변화가 없이 일직선으로 곧게 뻗은 산은 죽은 산이다. 흔히 뱀에 비유된다. 살아있는 산은 뱀이 살아서 기어가 듯 흐르는 산이고, 죽은 뱀이 늘어져 있는 것과 같은 산이 죽은 산이다. 그 변화는 나뭇잎이 다 떨어진 겨울에 산을 봐야 확연히 드러나서 알 수 있다.

집터나 묘터를 고를 때 죽은 산을 고르면 생기(生氣)가 아닌 살기(殺氣)가 흐르기 때문에 발복(發福)은 없고 질병과 화액(禍厄)이나 손재(損財)가 잇 따른다.

살아있는 산이라고 모든 것이 다 좋은 것은 아니다. 산의 앞면과 뒷면을 먼저 구별해야 한다. 살만한 곳이나 명당의 묘소는 하나같이 산의 앞면에 조성되어 있다. 땅도 호흡을 한다.

산은 뒷면으로 기운을 빨아드리고 앞면으로 기운을 뱉어낸다. 명당은 산의 앞면에만 이루어진다. 앞면에 사는 사람만이 지기(地氣)를 흡수할 수 있다. 산의 앞면은 부드럽고 아름다워 보기에 참 좋다. 사람의 웃는 얼굴을 보는 것같이 정(情)이 있다.

그러나 뒷면은 거칠거나 꺼지고 동강나고 패여 사람이 등을 돌린 듯 정이 없다. 나뭇잎을 보라. 앞면은 반질반질 윤이 나고 부드럽지만 뒷면은 거칠고도 어둡다. 인간은 사는 동안 건강하고 행복하게 살기를 원한다. 인간도 땅이 보듬는 하나의 생명체일 뿐이다.

03 음택풍수로 명당 중에 명당은 홍선 대원군의 아버지 남연군의 묘

음택풍수로써 명당은 이대천자지지(二代天子之地)로 알려져 있는 흥선대원군 아버지의 남연군의 묘가 명당 중의 명당으로 알려져 있다. 대원군의 아버지 이구(李球 : 1822) 묘가 경기도 연천에서 충남 예산군 덕산면 상가리 가야산 자락 현재 자리로 이장하고 세월이 지나서 고종이 등극하고 순종까지 왕이 두 사람 배출됐으니 2대 천자지지라 할 수 있다.

남연군 묘

남연군(南延君)은 흥선 대원군의 아버지 이구로 인조(16대)의 셋째 아들인 인평대군의 6대 손이다. 그런데 그가 영조(21대)의 계보가 된 것은 그가 어릴 때 사도세자의 둘째아들인 은신군에게 후사(後嗣)가 없자 그의 양자로 입적되었다.

흥선 대원군

영조의 계보는 **영조**에서 **정조** → **순조** → **헌종**으로 이어진다.

제24대 왕인 헌종이 후사 없이 죽자, 세도정치의 안동김씨는 자신들의 권력을 더욱 유지하려 은언군(영조의 손자, 정조의 아우)의 손자인 전계대원군의 셋째아들인 강화도령 원범을 제25대왕(철종)으로 보위에 오르게 한다. 그러나 철종 마저도 후사 없이 죽게 되자 남연군의 손자이며 흥선군의 둘째아들인 명복이 제26대 고종으로 보위에 오른다.

흥선군이 그의 아들을 왕위에 올리고 실권을 잡기까지의 행적은 야화 등에 의해 우리에게 널리 알려진 사실이다. 그의 아버지 남연군이 비록 영조의 증손자인 셈이고, 자신은 현손인 셈이지만 당시의 안동김씨 세도정치하에서 목숨을 부지하기조차 어려웠다. 흥선군은 철저히 자신을 위장하고, 안동김씨의 경계에서 벗어나기 위해 일부러 건달들과 어울려 지내는가 하면, 안동김씨 가문을 찾아다니며 구걸을 하기도 하였다.

그런 한편으로는 풍수공부를 하며 전국의 명산이란 명산은 빠뜨리지 않고 찾아 다녔다. 무너진 왕권을 회복하고 실권을 잡기 위해서는 명당에 아버지 묘를 이장하는 것이 가장 빠르고 확실한 방법이라고 생각했다.

그러나 10여년을 찾아다녔으나 마음에 드는 명당은 나타나지 않았다. 그런 때에 정만인(鄭萬仁)이라는 지관이 흥선군을 찾아와 "덕산 가야산 동쪽에 이대(二代)에 걸쳐 천자(天子)가 나오는 자리가 있는데 여기다 묘를 쓰면 10여년 안에 틀림없이 한 명의 제왕이 날 것입니다. 또 광천 오서산에는 만대에 걸쳐 영화를 누릴 수 있는 만대영화지지(萬代榮華之地)가 있습니다. 이 두 자리 중 어느 것을 선택하시겠습니까?"고 물었다.

흥선군은 망설이지 않고 가야산의 이대천자지지(二代天子之地)를 선택했다. 그런데 흥선군이 지관을 따라 그 자리에 도착해보니 이미 가야사(伽倻寺)라는 절이 들어서 있었고 더구나 묘를 쓸 자리에는 5층 석탑이 우뚝 서 있었다.

남연군의 묘가 위치한 자리는 본래 가야산 일대에서 제일 큰 절인 가야사가 있던 곳이다. 풍수지리설의 좌청룡과 우백호가 웅장하게 뻗어 있어 '이대 천자지지' 즉 2대에 걸쳐 왕위에 오를 수 있는 곳이라 하여 흥선대원군이 자신의 부친 묘를 경기도 연천에서 이곳으로 이장한 것이다. 이때 대원군은 왕권에 야심을 품고 안동 김씨들로부터 갖은 수모를 겪으면서 생활을 하던 터라 더 없이 좋은 기회였다.

그래서 99개의 암자를 가진 큰 절이었던 가야사를 불사르게 하고 금탑을 허물게 하여 이 묘 자리를 차지한 것이다. 1869년 오페르트 도굴사건이 있었고, 전주 이씨가 멸망한 후 묘소는 황폐화되었으나, 왕실 묘라 하여 후세 사람들이 잘 보존하여 현재에 이르고 있다. 절의 탑 자리에 묘를 이장한다는 것은 보통 일이 아니었지만 흥선군은 차례차례 일을 해나갔다.

그는 우선 경기도 연천에 있던 아버지의 묘를 임시로 탑 뒤로 영조 때 판서를 지낸 윤봉구의 사패지를 그 후손에게서 빌려 옮겼다. 이때가 1844년이다. 상여는 왕손을 운구하는 일이었기에 연천에서 가야산까지 한 지방을 지날 때마다 그 지방민이 동원되어 길을 메웠다. 가장 마지막에 운구한 '남은들' 마을에 상여는 기증되었고 현재도 '남은들' 마을에 보존되어있다.

다음 일은 가야사를 폐사(廢寺)하는 일이다.

이에 흥선군이 전재산을 처분한 2만 냥의 절반을 가야사 중들에게 주고 절에 불을 지르게 했다고 전하기도 하고, 당시의 충청감사에게 중국산 명품 단계벼루를 뇌물로 선사하여 가야사 스님들을 불러다가 강압하여 불을 지르게 했다고도 한다.

어찌되었든 흥선군의 계략으로 가야사는 폐사(廢寺)되고 탑의 뒷산에 임시로 모셨던 다음해인 1845년에 현재 자리로 남연군의 묘를 이장하였다. 이때 정만인은 후에 도굴의 위험이 있으니 석회 3백 부대를 써서 관곽(棺槨)을 단단하게 다져 놓아야 한다고 하였다. 남연군의 묘 이장 후 흥선군은 둘째아들을 얻었는데 그 이름이 **'명복'**으로 바로 고종황제가 된다.

남연군의 묘를 이장하고 18년 후다. 명복이 등극하여 대원군으로 정권을 잡은 흥선군은 가야사를 없앤 죄의식에 가야사와 탑의 은덕에 보덕한다는 의미에서 가얏골 상거리에 보덕사(報德寺)를 새로 지어 주었다. 그 후 고종 황제의 뒤를 이어 순종이 등극하였으니 남연군의 묘는 정만인의 예언대로 이대천자지지(二代天子之地)가 정확히 맞는 셈이다.

남연군의 묘는 이대천자지지라는 **'명당설'**로도 유명하지만, 이 묘의 명당설 때문에 '**남연군 분묘 도굴사건**[오페르트 도굴사건]'은 우리나라 근대사에 커다란 영향을 끼쳤기에 더욱 유명하다. '**남연군 분묘 도굴사건**'은 조선과의 통상교섭을 요구했던 서구 열강들이 실권자인 대원군에 의해 번번이 좌절되자, 그의 강력한 권한이 아버지 남연군의 묘가 명당이기 때문이라는 조선 천주교인들의 말에, 남연군의 묘를 파헤쳐 그의 기세를 꺾고, 또한 남연군의 유골을 확보하여 통상 개방의 협상용으로 사용하기 위해 1868년 4월 21일 밤 오페르트가 주동이 되어 저지른 사건이다.

그러나 무덤은 단단한 석회석으로 다져놓아 쉽게 파지 못했고, 조수(潮水) 때문에 철수함으로서 결국 실패하고 만다. 하지만 이 사건은 대원군이 척화비를 세우며 더욱 강력한 쇄국정책을 시행하고, 또한 천주교인들이 개입되었다는 사실 때문에 천주교 박해를 강화하여 많은 천주교 신자들을 학살한 계기가 된다. 당시 오페르트 일행이 타고 온 차이나호를 정박했던 행담도는 지금은 서해안고속도로의 휴게소로 이곳에 설치된 안내판에는 남연군의 묘 도굴사건을 다음과 같이 적고 있다.

이곳 행담도는 1868년 흥선 대원군 시절 남연군의 묘 도굴사건의 주역인 오페르트가 차이나호를 타고 와서 상륙했던 역사적인 섬이다. 오페르트 (opperet,E.J)는 독일 상인으로 1866년 두 차례에 걸쳐 조선과의 통상교섭에 실패하고 돌아간 후 고종 5년인 1868년 4월에 세 번째로 조선의 답사를 계획했다.

그는 흥선 대원군의 아버지 남연군의 묘를 도굴해 시체와 부장품을 이용하여 통상 문제를 흥정하려는 의도로 사건을 계획하고, 미국인 젠킨스를 자본주로 하여 프랑스인 선교사 페롱을 통역관 겸 보좌관으로 삼고, 묄러(Moeller)와 조선인 모리배 2명, 백인 8명, 조선인 천주교인 약간 명, 말레지아인 20명과 유럽, 필리핀, 중국 선원 등 총 140명으로 도굴단을 구성 680톤의 기선 차이나호에 소중기선 8톤급 그레타호를 달고 일본 나가사끼를 거쳐 4월 18일 당시 홍주목 신평현 [현 당진군 신평면] 행담도(行淡島)에 북독일 연방의 국기를 계양하고 정박했다.

여기서 그들은 그레타호에 옮겨 타고 삽교천을 거슬러 올라가 현 예산군 덕산면 구만포에 상륙하여, 러시아 군병이라 자칭하며 어둠을 틈타 덕산 가동(伽洞)에 있는 남연군의 무덤을 파헤치기 시작했다.

그러나 덕산 군수 이종신(李鍾信)과 묘지기 및 주민들의 저항으로 쉽게 도굴작업을 할 수 없었기에 새벽녘에야 겨우 석회로 다져진 무덤의 한 부분만을 파낼 수 있었다. 이러는 동안에 날이 밝아오고 주민들이 운집하고 감조하천인 삽교천의 퇴조 시간도 다가오게 되어, 이들은 관곽(棺槨)까지 파낸 것을 그대로 버려두고 구만포 [현 예산군 고덕면]로 퇴각했다.

이러한 비행은 국내에서는 물론 상해 주재 외국인들 사이에도 적지 않은 물의를 일으켜 마침내 젠킨스는 불법 파렴치한 행동의 피고인으로 체포 기소되었으나 증거 불충분으로 무죄가 되고 말았으며 해적의 무모한 소행과 다름없다는 비난을 받았다. 결국 우리 국민에게 악감정을 일으키고, 흥선 대원군의 쇄국정책을 더욱 강화시키는 계기가 되었다.

남연군의 묘의 주산(主山)은 가야산 석문봉(653m)이다. 석문봉의 좌우에는 옥양봉(621.4m)과 가야봉(677.6m)이 연이어 시립하고 있는데, 이를 두고 풍수에서는 천을(天乙), 태을(太乙)이 호위하고 있다고 한다.

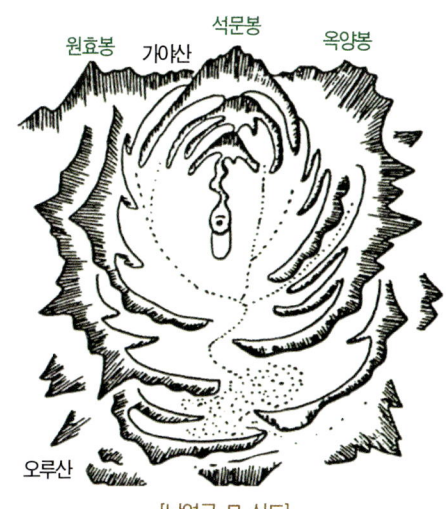

[남연군 묘 산도]

여기서 천을, 태을이라 함은 북극성 주변의 별로써 천황대제를 뜻하는 천황대제성(天皇大帝星)을 좌우에서 보좌하는 별을 말한다. 석문봉을 중심으로 천을, 태을로 3개의 봉우리가 균형 잡힌 형태로 늘어서 있는 모습이 마치 큰 봉황의 머리와 양쪽 날개를 연상시키게 하여 뭔가 범상치 않은 분위기를 자아내고 있다. 특히 서쪽 봉우리인 가야봉 너머로 석양이 질 때 더욱 그러한 분위기를 강하게 느낄 수 있다.

남연군의 묘의 주룡은 석문봉의 중심에서 좌선(左旋)으로 출맥(出脈)하여 수많은 기복굴곡(起伏屈曲)을 하면서 크고 작은 봉우리를 만들고, 억센 기(氣)를 정제하고 순화하며 내려와 크게 과협(過峽)한 후 혈장(穴場)을 만들었다. 석문봉에서 뻗은 여러 산줄기 중 가장 튼튼하고 힘찬 모습이다.

그 모습이 살아 움직이는 것 같아 진짜 용의 모습도 이렇지 않을까 하는 생각을 갖게 한다. 풍수지리에서 혈의 크기는 주룡에 의해서 결정된다고 하지 않던가. 이곳의 힘찬 용맥을 보고는 과연 천자지지라는 말이 절로 나온다.

남연군의 묘의 혈장(穴場)은 힘차게 내려온 주룡이 해(亥)방에다 머리를 묻고 입수도두(入首倒頭)를 만들었다. 입수도두는 생기를 정축(停蓄)해 놓았다가 혈에 공급해 주는 곳으로 둥그렇게 뭉쳐진 모습이 단단하고 유연

하면서 양명해 보인다.

입수도두에서 양옆으로 지각을 뻗어 혈을 좌우에서 보호해 주는 선익(蟬翼)은 그동안 사초 등에 의해 많이 훼손되었지만 제법 뚜렷하다. 앞에서는 혈장을 지탱하면서 혈의 생기가 앞으로 빠져나가지 못하도록 두툼한 전순(氈脣)을 만들었다.

완벽하게 혈장의 요건을 갖춘 다음 그 한가운데에 혈을 결지하였다. 특히 전순(氈脣)에는 흙만으로는 기세 강한 입수룡을 감당할 수 없었던지 납작한 반석과 같은 요석(耀石)들이 수도 없이 박혀 있다. 전순에 요석이 있다는 것은 그만큼 용혈(龍穴)의 기세가 크다고 하여 대혈(大穴)의 증거가 된다.

또한 요석 하나에 정승 판서가 하나씩 난다고도 하고, 그 모습이 임금의 옥쇄와 흡사하면 어보사라 하는데 이것이 있으면 제왕이 나온다고 할 만큼 매우 귀한 돌로 여긴다.

이곳의 요석 중에는 두 개의 큼지막한 것이 있는데 이를 옥쇄에 비유하여 어보사라 하고 두 개이기 때문에 2대 천자지지에 비유하기도 한다. 풍수에서는 혈을 품고 있는 일정 범위를 혈장(穴場)이라고 하는데 와형(窩形),

겸형(鉗形), 유형(乳形), 돌형(突形)의 4가지로 구분하여 설명하고 있다.

와형은 삼태기나 소쿠리, 닭둥우리처럼 생긴 형태이고, 겸형은 와형과 유사하나 양다리를 크게 벌린 형태이고, 유형은 뚜렷한 용맥 위에 여자의 유방처럼 불룩 솟은 형태이고, 돌형은 유형과 유사하나 혈장 뒤에서 반드시 움푹 꺼졌다가 돌기(突起)가 되거나, 거북이 등이나 가마솥을 엎어놓은 것처럼 볼록한 형태로 산정(山頂)이어야 한다.

남연군의 묘의 혈장은 돌형에 가까운 형태라고 할 수 있다. 석문봉에서 내려온 주룡이 최종적으로 한번 움푹 꺼진 뒤 돌기한 형태이기 때문이다. 그리고 혈은 음양(陰陽)의 개념으로 볼 때 혈장이 음(陰)이면 양(陽)에 있고, 혈장이 양이면 음에 있다고 한다. 이는 우주만물의 이치가 양중유음(陽中有陰)하고, 음중유양(陰中有陽)이라는 음양상생(陰陽相生)의 원리를 풍수에 적용한 것이다. 남연군의 묘는 혈장이 돌형이므로 음에 속한다. 그래서 혈은 양에서 찾아야 한다.

이곳은 혈장에 오르기 전에는 봉분이 보이지 않아 혈은 우묵한 곳 즉 음래양수(陰來陽受)와 음중유양(陰中有陽)을 취했다는 것을 알 수 있다. 남연군의 묘의 단정하게 다듬어져 있는 봉분 주위에는 상석과 비석, 한 쌍의 석양(石羊)과 한 쌍의 망주석(望柱石) 그리고 하나의 장명등(長明燈)을 석물로 설치하였다. 모든 석물의 조각이 예술적 가치가 있는 것들이지만 장명등이 특히 눈길을 끈다.

풍수에서는 혈 앞에 펼쳐지는 경관을 조안(朝案) 또는 안대(案對)라고 하는데, 남연군의 묘의 조안은 마치 만조백관(萬朝百官)이 조아리는 듯한 형상(形象)이다. 아주 먼 곳까지 시야가 틔어 있으면서도 허전하지 않게 잘 짜여 있다.

남연군의 묘의 청룡과 백호를 이루는 산줄기를 살펴보면, 청룡 줄기는 옥양봉에서 길게 뻗어 목성(木星)의 산들을 연이어 기봉시키며 서로 이어

[남연군묘 청룡쪽]

져 혈을 감싸면서 상가리 입구에서 수구(水口)를 막아준다. 백호 줄기는 가야봉에서 뻗어 금성과 목성의 산들을 연이어 기봉시키며 서로 이어져 혈을 감싸면서 상가리 입구에서 청룡 끝자락의 안쪽으로 그 끝자락을 오므려 역시 수구를 막아준다. 청룡은 길고 백호는 짧은 용장호단(龍長虎短)의 형세로 수구를 관쇄(關鎖)해 주고 있고, 청룡과 백호가 여러 겹으로 중첩되어 물을 역수(逆水)시키니 길격 형상이다.

또한 청룡, 백호의 여러 줄기가 혈을 향해 머리를 조아리듯이 산자락을 맞대고 있어 어전회의(御前會議)를 하는 듯한 모습이다. 가히 천자지지라 할 만하다. 그러나 완벽한 터가 없듯이 흠결도 보인다. 청룡 쪽이 혈과 많은 거리를 두고 감싸니 그 사이가 계곡이 되어 풍살(風煞)이 염려되고, 또한 청룡 줄기 하나는 몽둥이를 들고 묘를 향해 공격하는 듯 머리를 내밀고 있다.

이를 두고 풍수가들은 고종과 순종이 외세의 치열한 압력 속에 숱한 시련을 받다가 망국의 서러움을 당하였다고 비유하기도 한다.

[남연군묘 백호쪽]

그리고 백호 쪽은 청룡보다 높고 크며 각각의 모습이 뛰어나 청룡을 압도하고 있다. 특히 백호 줄기에서 기봉한 원효봉은 만만치 않은 위용을 자랑하며 혈을 능압하는 듯하다.

이를 두고 차손과 내당의 주장이 강한 곳이라 고종이나 순종 모두 장남이 아닌 둘째 아들로서 왕위에 올랐고 명성왕후 민비의 득세가 대단했다고 비유하기도 한다. 남연군의 묘에서 동북쪽으로 150m 정도 떨어진 청룡자락에는 충남문화재자료 제182호로 지정된 **"상가리 미륵불"**이 남연군의 묘를 등지고 골짜기를 향해 서 있다.

상가리 미륵불 | 예산군 상가리 남연군묘 동북쪽, 멀리보이는 남연군묘를 등지고 북향하고 있다.

그런데 이 미륵불이 돌아 서 있는 이유에 대한 설이 분분하다. 북쪽 골짜기에서 불어오는 찬바람을 막기 위한 일종의 풍살(風殺) 비보(裨補)로 세워진 것이라는 설이 있고, 원래 가야사(伽倻寺)를 바라보고 있었으나 대원군이 가야사를 없애고 남연군의 묘를 쓰자 등을 돌렸다는 설이 있다.

세워진 연대에 대해서도 설왕설래하고 있는데 기법으로 봐서는 고려시대로 추정되고 있다. 남연군의 묘 이장 당시에 세웠다는 마을 사람들의 증언이 있긴 하지만 규명하기는 어렵다. 실제 조각된 장식을 보면 미륵불이라기보다는 관세음보살로 봐야 한다는 설도 있다.

풍수에서는 혈을 감싸고 빠져나가는 물길 또한 중요하게 생각한다. 그런데 무조건 혈을 감싸고 빠져나간다고 다 좋은 물길은 아니다. 여기서도 음래양수(陰來陽受) 즉 우선룡(右旋龍)이면 좌선수(左旋水)가 받고, 양래음수 즉 좌선룡이면 우선수가 받아야 음양화합이 되어 좋은 물길로 본다.

남연군의 묘의 물길은 우측 백호에서 득수(得水)하여 우수도좌(右水倒左)로 혈을 감싸주면서 좌측 을진(乙辰)으로 파구(破口)된다. 이곳 주룡이 좌선룡이므로 우선수가 감싸니 양래음수로 음양화합이 되어 좋은 물길이다.

남연군의 묘의 좌향(坐向)은 해(亥)입수룡에 따라 해좌사향(亥坐巳向)을 하였다. 좌향이란 등을 대고 정면으로 바라보는 방향으로 혈의 뒤쪽 방위를 좌, 혈의 정면을 향이라 한다.

결국 좌와 향은 180도로 대칭되는 방향이 된다. 풍수의 좌향법은 일차적으로 용혈사수(龍穴砂水)에 의하여 좋은 혈처를 결정했더라도 그 좌향을 파구의 방위와 양기의 흐름에 따라 정해진 법에 따라 적법하게 적용했을 때만이 생물체가 가장 좋은 생기를 취할 수 있다는 이론으로 대단히 중요하게 여긴다. 그래서 용혈사수에 향을 추가하여 지리오결(地理五訣)이라고도 한다.

좌향법에는 용을 보고 정하는 법, 물을 보고 정하는 법 등 여러 이론이 있어 적용하는 법 또한 사람에 따라 다를 수밖에 없다. 그렇기 때문에 어느 법이 가장 맞는 좌향법이라고 할 수도 없으며 여러 좌향법을 비교하여 그 지형에 가장 적합한 것을 적용할 일이다. 이곳의 해좌사향도 어느 좌향법을 적용했는지는 모르나 정음정양법(淨陰淨陽法)으로는 해(亥)입수룡에 사(巳)향이니 입수룡과 향이 모두 같은 정음(淨陰)이 되어 합법하고, 팔십팔향법으로는 부귀왕정(富貴旺丁)한다는 자생향(自生向)이 되어 합법하다.

양택풍수에서 명당은 동아일보를 창간한 인촌 김성수 선생 생가

양택풍수에서 집터는 제대로 된 배산임수(背山臨水)에 전저후고(前低後高)하며 주변의 보국은 잘 짜여져 있으며 바람이 잘 통하고 햇볕은 잘 들어 더위와 추위의 차이가 적은 곳인가를 기준으로 판단한다.

양택풍수지리에서 명당은 동아일보를 창간한 인촌(仁村) 김성수(金性洙) 선생 생가가 명당으로 알려져 있다. 청룡백호가 잘 감싸준 보국은 평화스럽고 혈 앞 명당은 평탄 원만하여 북향집이지만 훈훈한 화기가 감돈다.

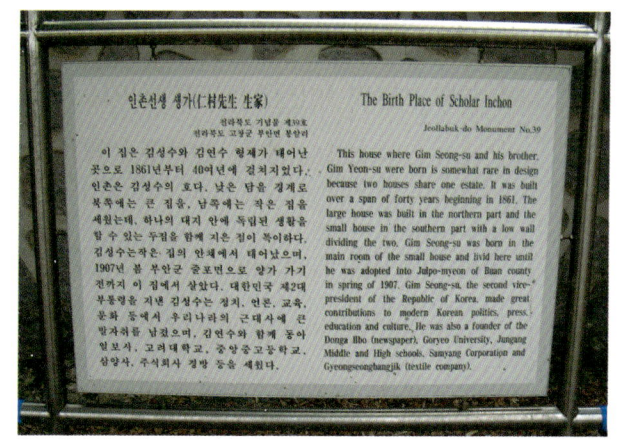

제1장 풍수지리학이란? ••• 43

북향으로 결지하는 혈은 햇볕이 잘 들도록 항상 뒤가 낮아야 한다는 조건이 있는데 이곳도 그러한 조건에 어김이 없다. 주룡(主龍)은 험한 기를 모두 털어 버리고 순한 생기로 되어 있으며 그 기세가 변화무쌍하다. 과연 인촌 선생 생가가 왜 명당으로 전국에 소문이 났는지를 알 수 있을 것 같다. 인촌선생 생가는 동사택궁(東四宅宮)에 해당된다. 대문은 북쪽 감방(坎方)에 있고, 안방은 남쪽인 이방(離方), 부엌은 동남방인 손방(巽方)에 있으므로 양택삼요(陽宅三要)에서 말하는 길한 배치가 그대로 적용되었다.

풍수지리의 형세와 이기가 모두 갖추어진 집으로 인촌가의 풍수 실력이 대단했음을 짐작할 수 있다.

▎인촌 김성수(金性洙) 선생 생가와 조상 묘

대한민국 제2대 부통령이며 동아일보사와 고려대학교 그리고 민족기업의 상징이라 할 수 있는 경성방직을 설립하여 정치, 경제, 언론, 교육, 문화 등 우리나라 근대사에 커다란 발자취를 남긴 인촌(仁村) 김성수(金性洙) 선생 생가는 전라북도 기념물 제39호로 지정되어 있다.

▎인촌 김성수 선생 생가

우리나라 사대부 집안 치고 풍수지리를 안 했던 집안은 없지만 근대에 인촌 선생 가문만큼 풍수지리를 신봉했던 집안도 없을 것이다. 전북 고창과 순창, 부안, 전남 장성 등의 유명한 혈은 모두 울산 김씨(蔚山金氏) 인촌 선생 가문이 썼다고 해도 과언이 아니다. 호남 제일의 명문가로 이름을 높일 수 있었던 것은 조상의 묘지와 집터를 잘 잡아서라는 것을 울산김씨 문중(門中) 스스로도 인정하고 있다.

요즈음 발행되는 풍수답사서 치고 인촌 선생 생가와 조상 묘를 언급하지 않은 책이 없을 정도이며 이 때문에 전국의 풍수 학인들이 필수적으로 답사하는 곳이 되었다.

인촌가를 명문가로 발돋움할 수 있도록 영향을 준 것은 전북 고창군 부안면 봉암리 437에 있는 인촌 생가와 전북 부안군 변산면 변산해수욕장 바로 뒤에 있는 증조부 김명환(金命煥) 묘인 비룡승천혈(飛龍昇天穴), 그리고 전북 순창군 쌍치면 보평리 금평교 맞은편에 있는 증조모 전의이씨(全義李氏) 묘인 갈룡음수혈(渴龍飮水穴), 고창군 아산면 도솔산 선운사 뒤 옛 암자 백련암 자리였던 조부 김요협(金堯莢) 묘인 복치혈(伏雉穴), 고창군 아산면 반암리 호암 마을에 있는 조모 영일정씨(迎日鄭氏) 묘인 선인취와혈(仙人醉臥穴), 전남 장성 백양사 백암산 정상에 있는 인촌 선생 첫 부인 고광석 여사 묘인 군신봉조혈(君臣封朝穴)이 유명하다.

또 순창군 복흥면 반월리 자포 마을 화개산 아래에 있는 삼천년향화지지(三千年香火之地)로 유명한 인촌 선생 9대조 김창하(金昌夏)와 순천박씨(順天朴氏) 합장 묘인 자봉포란혈(雌鳳抱卵穴)이 있다. 이들 묘는 9대조를 제외하고 합장(合葬)을 하지 않고 단장(單葬)을 하였는데 일명당일묘(一明堂一墓)가 인촌가의 원칙이기도 하다. 그래서인지 울산 김씨들은 지금도 정치, 경제, 교육, 언론, 문화 등 다방면에서 고르게 활약하고 있다.

인촌 김성수 선생의 큰아들 일민(一民) 김상만(金相万) 선생은 국제언론인

협회(IPI) 명예 종신회원이며 언론계의 큰 별로 동아일보 사장, 회장, 명예회장, 동아꿈나무재단 이사장을 역임하셨고, 김상흠은 국회의원을 지냈다.

인촌의 동생 수당 김연수 선생의 아들 김상협은 국무총리를 역임했고, 김상홍은 삼양사 회장이었다. 여기에서는 인촌가(仁村家)의 음택보다 양택에 관한 부분만 정리하기로 한다.

▍인촌 김성수 선생 조부 김요협의 묘

▌기본적인 국세가 이루어진 양택지라면

지세에 순응하는 배치가 우선이다. 풍수에서 가장 이상적인 건물의 배치방법은 배산임수와 남향을 동시에 이루면 좋다고 한다. 그러나 막상 배산임수와 남향이 서로 배치되면 배산임수보다 남향을 선택하는 것이 매우 일반적인 사항이다. 그런데 풍수적으로 보면 남향보다 더 중요한 것에 지세에 순응하는 것이다.

사신사(四神砂)가 잘 갖추어지고 기본적인 국세가 이루어진 양택지라면 북향이든 서향이든 관계없이 지세에 순응하는 배치가 우선이다.

인촌의 생가는 북향판의 지세다. 뒤에서는 주산이 잘 받쳐주고 좌우로는 청룡과 백호가 잘 감싸준다. 마을의 중심에 위치하고 북향판임에도 불구하고 햇빛이 잘 드는 편안한 곳이다.

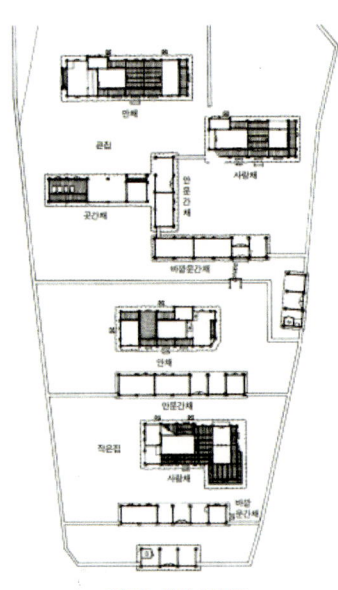

▌인촌 생가 배치도

▎큰댁 안채의 곡간채

큰댁은 뒷편에 위치하고 작은 댁은 전면에 위치한다. 인촌 선생은 작은 댁 안채에서 태어났다.

건물의 좌향과 배치를 보면 풍수적 요건들이 잘 맞는 곳이다. 인촌 생가가 있는 인촌리의 지세를 살펴보면 가지런히 뻗어 내린 청룡과 백호가 순룡에 해당된다. 이러한 지세에서는 인자하고 평화로운 분위기가 이루어진다.

주봉은 노적봉을 이루고 있는 매봉이다. 인촌 생가는 이 매봉에서 북쪽을 향해 내려온 능선 혈 위에 자리 잡고 있으며 멀리 북쪽에 있는 바다를 향해 배치되어 있어서 배산임수의 원칙이 정확하게 적용되고 있다. 배산임수의 원칙에 따라 배치된 집은 마당에 들어서면 내부 공간에서 생긴 밝은 기운이 느껴지며 북향집이라는 사실을 전혀 느끼지 못한다.

이 집이 대표적인 경우이다. 북향집에 대문 역시 북향이다. 집배치를 음양으로 분석해 보면, 마당 중심에서 봤을 때 건물은 남쪽에 있으므로 음(陰)기운을 갖게 되고, 대문은 북쪽에 있으므로 양기운(陽氣運)이 조화를 이뤄 생기(生氣)를 발생한다.

▎인촌 생가 출입문

또 오행으로 본다면 건물은 남쪽으로 불(火)에 해당되고 대문은 북쪽이어서 물(水)에 해당되어 상극(相剋) 관계를 이루지만, 집과 대문이 모두 동사택(東舍宅) 방위로 일치하고 음양이 조화를 이루므로 전체적으로

좋은 방위다. 풍수에서 재물을 판단하는 기준은 대개 물의 흐름에 따른다. 꼭 그런 것만은 아니고 산의 모양을 보고도 이를 판단한다. 산의 모양 중에 마치 대궐의 기와지붕과 같은 모습을 띤 것이 있다. 이를 하전(下殿)이라 한다. 당대의 호남부자로 불린 인촌 김성수 선생의 집안의 경우를 보면, 선대묘소 뒷산인 주산(主山)이 어김없이 하전을 이루고 있다.

고창 선운사 넘어가는 길목에서 왼쪽으로 빠지면 반암리 호암 마을에 이른다. 호암(壺岩)이란 병바위 동네라는 뜻이다.

이 마을 앞에는 마치 옛날 호리병을 뒤집어 세워놓은 것 같은 커다란 바위가 있어 상서로운 분위기를 준다. 이 마을에 인촌의 할머니 영일정씨(迎日鄭氏 : 김요협의 부인) 묘가 있다. 그 주산이 차일봉이라 불리는 것처럼 생김새가 바로 기와지붕 형태다. 정씨 부인은 생전에 근검절약과 부지런함으로 재산을 늘려 만석지기 부자가 되었다.

전하는 바에 의하면 뱃사람들이나 장사하는 사람이 돈을 빌리려오면 정씨 부인은 사람 됨됨이만 보고 액수가 얼마 되었든 언제 갚겠다는 약조도 없이 그들이 원하는 만큼 빌려 주었다고 한다.

그런데 신기하게도 돈을 빌려간 사람은 모두 큰돈을 벌었고 은혜에 보답하기 위해서 이자를 계산하지 않고 훨씬 많은 돈을 갚아 재산이 기하급수적으로 불어났다고 한다.

정씨 부인은 부지런하여 집안의 가세를 일으키기도 했지만 사후 이곳에 묻혀 인촌일가의 부를 더욱 왕성하게 해준 것으로 평가된다. 지붕의 용마루 또는 책상처럼 생긴 산을 산의 오행 중에 토성(土星)이라 부른다. 오행의 토가 목(木) 화(火) 금(金) 수(水)를 관장하듯 산 가운데 토성은 인간사의 가장 중요한 부와 인연을 맺고 있다.

가장 이상적인 명당의 '참된 혈은 하늘에서 감추고 땅이 비밀로 하니, 덕을 쌓는 사람만을 기다린다(蓋眞穴則 天藏地秘 以待有德之人)'고 했다. 또 '덕이 있는 사람만이 길지를 만난다(德人逢吉地)', '혈은 하늘이 주지도 않고, 땅에서 받아 주지도 않는다(天不胎 地不受)'고 매우 찾기가 어렵고 드물다.

인촌 김성수 선생은 작은댁 안채에서 1891년 9월 9일(음력) 출생하여 줄포리로 양자를 가기 전인 1907년까지 이곳에서 16년간 살았다. 작은댁은 안채가 동남방에 대문은 북쪽에 위치한다.

▎인촌 김성수 선생이 태어난 작은댁 안채

05 명당은 꼭 여자의 성기와 닮았다

명당은 꼭 여자의 성기〔음부〕와 닮았다. 여자의 자궁은 생명력 넘치는 생명을 잉태할 수 있는 모든 좋은 조건을 갖추고 있다. 인간은 모두 이 자궁 속에서 태동하였고 자궁은 인간들의 영원한 고향이다. 인간은 죽어서도 그 곳 명당으로 돌아가고자 애쓴다.

▎**명당** : 여자의 성기(음부)와 닮았다

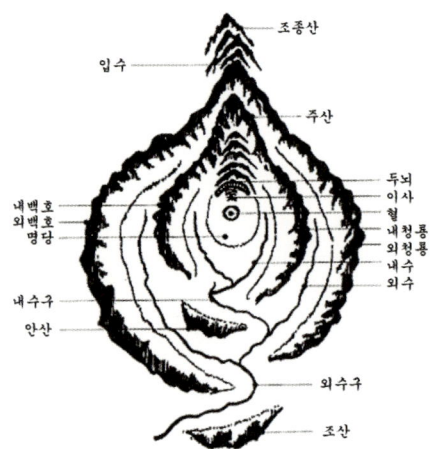

▎국장(國葬)묘 : 박정희 대통령과 육영수 영부인 묘소

▎일반(一般)묘 : 황필봉 여사 묘소(필자 모친)

제1장 풍수지리학이란? ••• 55

제2장
대지(垈地)와 택지(宅地) 선정

- 동사택과 서사택이란?
- 음양오행설이란?
- 상생(相生)과 상극(相剋)
- 주역팔괘(周易八卦 – 동, 서, 남, 북, 북동, 남동, 남서, 북서) 방위와 음양오행의 목화토금수(木火土金水) 방향 표시도
- 8방위의 성격과 특성
- 방위(方位)와 오행(五行)에 맞는 직종과 직업

제2장 대지(垈地)와 택지(宅地) 선정

대지(垈地)와 택지(宅地)를 선정하거나 그곳에 건축을 할 때는 3대간법인 세 가지 원칙을 꼭 지켜야 한다. 이것은 고서(古書)인 양택삼요결(陽宅三要訣)에 배산임수(背山臨水)하면 건강장수(健康長壽)하고 전저후고(前低後高)하면 출세영웅(出世英雄)이며 전착후관(前窄後寬)하면 부귀여산(富貴如山)이라 했다.

첫째로 배산임수(背山臨水) : 산을 등지고 낮은 곳을 향하란 뜻이다. 뒤에는 산이고 앞은 냇물이 흘러야한다. 산을 등지면 살풍(殺風)을 피할 수 있어 건강을 지키며, 앞에 물이 있으면 생기(生氣)를 얻어 길상(吉相)이다. 이런 땅은 가족의 건강과 장수가 약속되는 곳이다. 물(강, 하천)은 물의 양과 수질, 흐르는 방향에 따라 길흉이 달라진다. 물의 양은 넉넉해야 좋고 수질은 깨끗해야 한다. 물의 흐르는 방향은 둥글게 휘어 흐르는 안쪽이 좋다. 안쪽은 좋은 기가 모이고 바깥쪽은 기를 빼앗긴다.

둘째로 전저후고(前低後高) : 앞쪽[남쪽]은 낮고 넓고 평평하며 뒤쪽(북쪽)이 높아야 한다. 본체 건물은 높이 위치하고 부속건물과 정원 마당은 낮게 있어야 길상이다. 경사가 급한 것은 흉상으로 피한다. 경사지로서 남쪽이 높으면 뒤쪽에 축대까지 쌓아 남향을 고집하는데 이런 곳은 가상이 불안정하여 정신도 불안하므로 병약자가 생긴다. 양쪽의 옆은 서쪽[좌측]이 조금 더 높아야 동쪽[우측]의 기를 더 많이 받을 수 있다.

셋째로 전착후관(前窄後寬) : 대지와 건물은 정원이 안정적이어야 한다. 출입문은 좁으나 정원에 들어서면 넓고 안정감이 있어 한눈에 집안 내부가 훤히 보여야 한다. 옛 고택을 보면 좁은 대문을 굽어서 들어서면 아담하며 깨끗하고도 반듯한 정원이 나온다.

귀한 인물은 산천의 기상이 큰 영향을 미친다. 산이 높고 들이 넓으면 도량이 넓고 용맹스러운 인물이 난다. 그러나 험한 산세에 물이 곧게 흐르거나 급하게 흐르면 인정이 없으며 성질이 사납고 독살스러운 인물이 태어난다.

집이란 우리들이 휴식과 안정을 취하면서 건강한 생활을 유지하는데 가장 중요한 기본 공간이다. 집이 건강하고 생기에 넘쳐야 그곳에서 사는 사람들이 건강하고 진취적이며 생기에 넘쳐 생활해 갈 수 있다.

건강한 집이란 자연의 무한한 에너지가 넘쳐나고 기(氣, Power)가 자유롭게 통할 수 있고 그 안에 구조물들이 조화롭게 배치되어 우리들을 보다 편안하고 따뜻하게 해줄 수 있는 주거공간을 말한다. 이런 집에서 생활할 때 우리들은 화(禍)를 복(福)으로 바꿀 수 있으며 위기를 극복할 수 있는 지혜와 에너지도 얻는 것이다. 예부터 집이 너무 크거나 빈방이나 사용하지 않는 짐들이 많으면 흉기가 생겨서 주거자에게 해를 미친다고 하였다. 빈 공간이나 필요 없는 물건들을 쌓아 놓고 있으면 그 속에 사는 사람들이 기(氣)의 손상을 입기 때문이다.

이는 자신의 기를 집에 나누어 주는 격이 되므로 건강은 물론 가장의 사업이나 자녀들의 장래에도 지장을 받게 된다. 그래서 집을 꾸미고 가꿀

때에는 우선 필요 없는 물건들은 쌓아 두지 말고 과감히 처분하여 빈공간이 없게 집을 최대한 활용하여 생기로 가득찬 느낌을 주도록 꾸미는 것이 기본이다.

새로운 에너지를 충전하여 휴식과 안정을 얻고 희망찬 미래를 설계하려면 넓은 공간이 아니라 자신이 생활하는데 꼭 필요한 공간만 있으면 되는 것이다.

즉, **첫째**는 가족이나 식구 수에 비례하여 방의 크기나 갯 수는 약간 적은 것이 이상적이다. **둘째**는 빈방이나 불필요한 공간을 두지 않는 것이 원칙이다. **셋째**로 공간이 약간 좁은 듯하게 꾸며야 집안에 기운과 활기가 넘친다는 것이다. 인테리어 풍수란 올바르게 활용할 때만이 그 진가를 발휘한다.

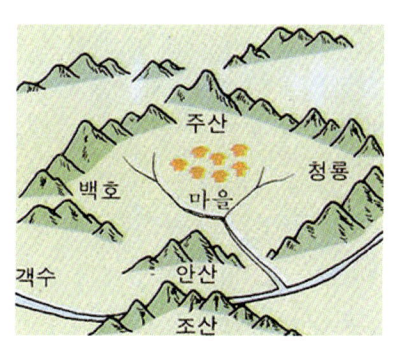

▌배산임수

01 동사택과 서사택이란?

동사택과 서사택은 양택 풍수에서 빼놓을 수 없는 중요한 자연의 원칙 이론이다. 동·서 사택론은 우선 집안의 중심을 찾아내는 게 순서이다. 집의 중심을 놓고 동, 서, 남, 북, 동남, 남서, 서북, 북동의 여덟 방위로 나눈 뒤 안방이 어느 방향에 있는지 알아본다.

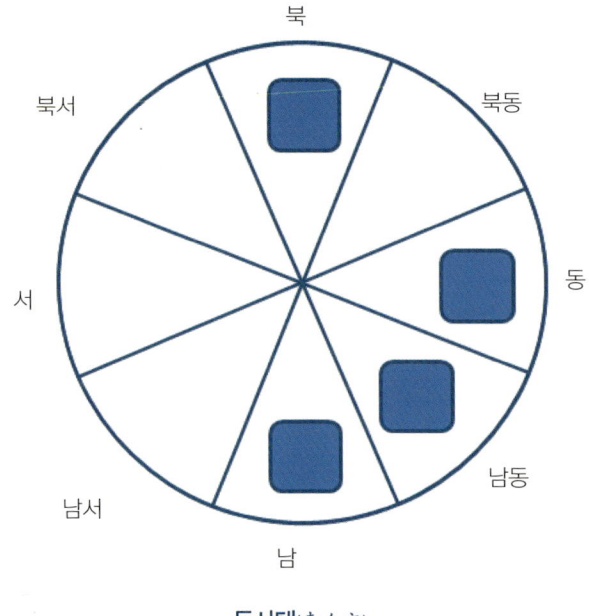

동사택(東舍宅)

동사택(東舍宅)은 집안의 중심에서 볼 때 안방, 대문, 부엌이 북쪽, 동쪽, 남동쪽, 남쪽에 있어야 한다.

서사택(西舍宅)은 집안의 중심에서 안방, 대문, 부엌이 북동, 남서, 북서, 서쪽에 있어야 한다.

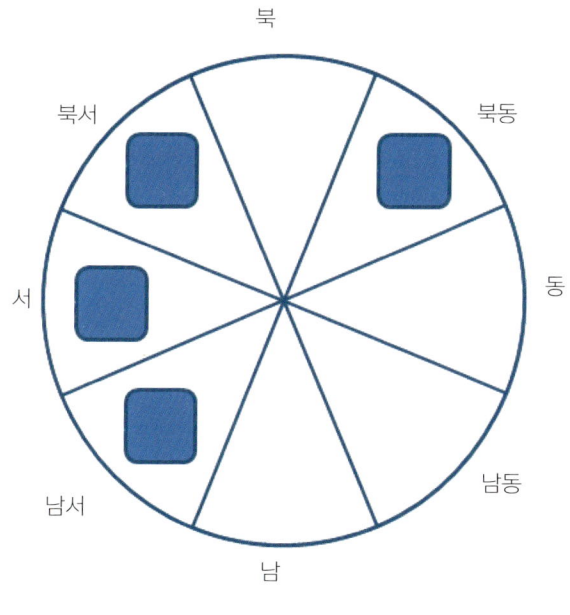

서사택(西舍宅)

집에서 대문과 부엌이나 안방이 동사택이든 서사택이든 어느 한쪽 방위에 위치해야 길한 집이다. 동서 사택이 양쪽에 뒤섞여 있으면 어긋난 배합으로 흉한 가상이 된다.

동사택과 서사택론은 중국의 음양오행 이원론에 따른 것이다. 이는 평지에서는 동사택론이 가능하겠으나, 현대에 들어와서는 환경문제가 대두되면서, 대자연의 위대한 힘과 조화로 우리나라같이 산지에서는, 오히려 지형 지세 위주의 배산임수(背山臨水)로 대치하는 것이 더 타당하지 않을까 생각해 본다.

5실(五實)과 5허(五虛)란?

5실을 취하고 5허는 버리라. 5실의 조건을 갖춘 집에서 생활하면 재물이 늘고 복록이 따르지만, 5허의 조건에 해당하는 집에는 살림이 가난하고 가세가 기운다고 한다.

5실(五實)

1. 사는 집의 크기가 약간 작고 아담하지만 식구가 많은 집
2. 집의 규모에 비해 대문[현관문]이 작은 집
3. 집안의 나무와 화초, 가축이 잘 자라는 집
4. 울타리나 담장이 반듯하게 세워졌고, 담장이 집을 잘 감싸고 있는 집
5. 집 주변의 물길이 남쪽과 남동쪽으로 흐르며 그 방향의 전망이 확 트인 집

5허(五虛)

1. 가족은 적은 데 집의 규모가 크고 평수가 넓은 집
2. 집은 작은데 대문[현관문]이 지나치게 높고 커다란 집
3. 울타리와 담장이 없거나 울타리와 담장이 무너지고 기울어진 집
4. 집은 작은데 마당이나 정원[뜰]이 너무 넓은 집
5. 부엌의 위치가 집의 한가운데나 침실 근처에 놓인 집

▎집터로 쓰면 좋지 않은 땅

1. 둘러싸고 있는 산과 강, 건물과 도로 등이 집을 감싸주지 못하는 땅
2. 나무와 풀이 잘 자라지 않는 생기(生氣)가 없는 죽은 땅
3. 수맥이 밑으로 흐르는 땅
4. 공동묘지, 감옥, 공용 화장실, 공터, 전쟁터였던 땅
5. 늪이나 쓰레기장, 공장 부지를 매립한 땅
6. 과거 하천이나 우물이었던 곳을 매립한 땅
7. 먼지가 잘 일거나 항상 질척거리는 땅

앞과 같은 곳에 집을 지으면 가족들이 원인 모를 질병을 앓고 가운이 날로 기울어진다.

부득이 이런 땅에 집을 지어야 한다면 반드시 다른 곳에서 가져온 객토(客土)나 흙을 바꿔 환토(換土) 다지기를 하여 적어도 표면의 흙을 석자 가량 파내어 흙 자체의 성분이나 지기를 바꿔준 뒤에 좋은 땅의 흙을 덮어서 짓도록 한다.

불난 집은 1m 이상 파서 좋은 흙을 넣고 다져 짓는다.

언덕배기는 바람이 머물 새가 없다. 그래서 장풍이 안 되고 살풍이 분다. 이런 곳에서 오래 살면 교만심에 빠지기 쉽다. 이웃과 멀어지고 고독한 생활을 하게 된다. 들판의 경우는 물길이나 도로가 청룡과 백호를 대신한다. 이럴 때에도 살풍은 막아야 한다. 담장을 두텁게 하고 뒤쪽으론 나무를 심는 것이 좋다. 비보풍수다. 각도 45도 이하로 내려오면 기가 아니므로 가파른 곳은 쓰지 말아야 한다. 사찰에 가면 절하면서 기(氣)를 많이 받는 관계로 가능한 뒷산이 있는 절(사찰)에 가야 좋다.

혈장은 넓을수록 좋다. 앞을 내다보고 가급적 넓게 터를 장만해야 한다. 음택은 길지를 구하지 못할 때는 화장을 하면 무해무득하다. 하지만 양택은 길지나 길상이 아니면 화를 당하게 된다.

"풍수에서는 운이 나쁜 사람은 없고, 다만 운을 나쁘게 만드는 사람만 있을 뿐"이라고 말한다. 서양에서도 동양의 지혜가 담긴 풍수를 따르는 추세이다.

옛 조상이나 어른들은 이사나 이동, 여행, 가구를 구입할 때는 가급적 **'손 없는 날'**을 택했다. 손 없는 날은 음력으로 9일과 10일을 말한다.

그러므로 음력으로 9, 10, 19, 20, 29, 30일이다. 현대인들은 이런 말은 미신으로 치부하고 직장이 쉬는 일요일이나 공휴일 또는 주말 등에 옮겨 버린다. 그러나 조상들이 '손 없는 날'을 중요시한 것은 지구상에 흐르는 기의 이동과 변화에서 나온 것으로 해악(害惡)을 경계하는데 이용해 왔다.

'손'이란 동·서·남·북의 4방위를 날짜를 따라 돌아다니면서 사람의 활동이나 공간이동을 방해하는 귀신을 말한다. 그래서 '손 없는 날'이란 방해하는 귀신이 없는 날을 말한다.

▍건물은 팔괘 모양(8각형)이나 원통형이 좋다

건물은 팔괘(八卦 : 8각형) 모양의 건물이 제일 좋다. 두 번째로는 원형 건물이며 다음 사각형 건물, 삼각형 건물 순이다.

8괘 건물은 행운이 오고 길하다. 8괘 방위는 그 각각이 갖고 있는 무한한 우주적인 모든 힘과 의미를 지니고 있어서 최대의 각 방위에 에너지를 그곳에 거주하는 사람에게 전달하여 생기를 불어 넣어준다.

집의 중심점은 어떻게 찾는가

- 일반적으로 쉽게 중심점을 찾는 방법은 사각형상의 집이나 방은 각 구석을 대각선으로 그어서 교차되는 지점이 중심점이다. 그 중심점에 패철이나 나침반을 이용해서 방위를 알 수 있다.

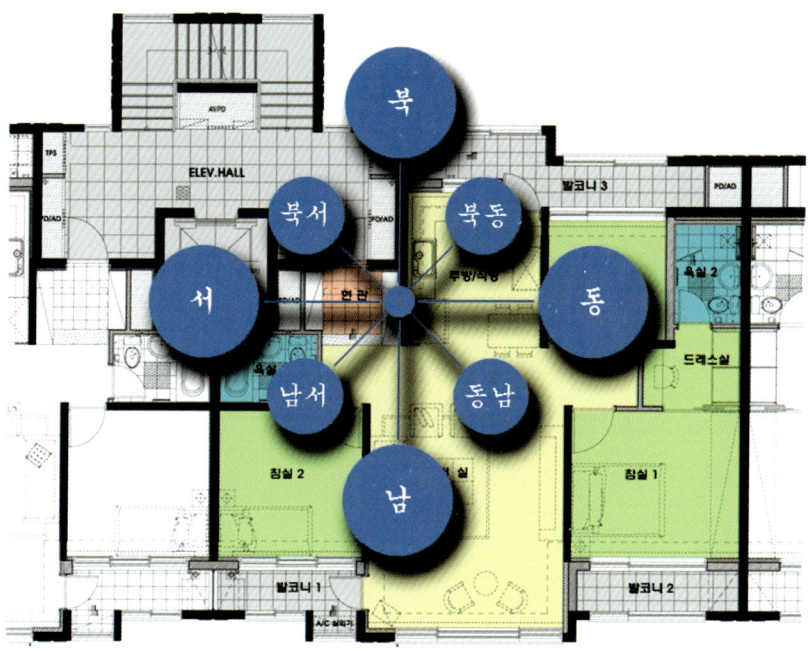

- 단독주택은 정원이나 마당과 차고지를 등을 빼고 실제로 사용하는 주택의 구조만으로 집의 중심점을 찾는다.
- 집의 구조가 들어가거나 튀어나와 있을 때의 요철(凹凸) 모양일 때는 두꺼운 종이에 요철 모양 그대로 설계도를 그려서 못이나 송곳 등으로 중심을 들어 올려 평평하게 균형을 유지하는 지점을 중심점으로 보면 된다.
- 빌라나 아파트는 호수별로 나타난 설계도상의 공간인 전용공간 그 자체만으로 중심점을 찾는다.
- 중심점을 찾았는데 중심점이 방의 벽이나 구석진 모서리에 있다면 바로 옆으로 옮겨 그곳을 중심점으로 하고 그곳에서 방향을 보면 된다.
- 중심점을 찾았으면 패철이나 나침반으로 집의 중심점에서 정확하게 동·서·남·북을 표시한다.

▌집의 들어가고 튀어나온 요철(凹凸)의 영향력

- 주택의 외형은 반듯한 사각 형상이 좋지만 각 방위별 요철에 의해서 영향력이 다르다.

- 집의 동쪽이 적당히 돌출되어 있는 집은 장남에게 행운이 열리고 사회적으로 출세한다. 예술가나 학자로 대성하며 의사나 기획가 등에도 좋다. 이때 동쪽과 서북쪽이 동시에 나온 부분이 있으면 더욱 좋다. 그러나 너무 많이 튀어나와 있다면 오히려 해로워 과대망상증에 빠지기 쉽다. 장남도 문제아가 되어 부모의 애를 태운다(튀어나오는 부분은 집 한쪽 면 길이의 1/3 이하라야 좋다).
- 북쪽이 튀어나온 집은 신혼부부에게 매우 좋다. 그러나 과도하게 돌출된 경우엔 오히려 흉기를 받아서 가운이 쇠퇴해지며 부인의 주장이 커지고 남편의 기가 위축되며 주부가 춤바람이 나거나 가사를 소홀히 하게 된다.
- 동남쪽이 튀어나온 집은 대인관계가 원만하고 인기가 많아 배우나 탤런트가 탄생해서 유명세를 얻는다. 그러나 지나치게 튀어나왔다면 인기가 너무 좋아 남녀 관계가 문란해지고 직장생활이 순탄하지 못하며 여행 중에 횡액을 당할 우려도 있다.
- 북동쪽이 돌출된 집은 재물운도 좋고 유산이나 땅을 상속받게 되며 사회적으로 명망 있는 자리에 오른다. 그러나 지나친 돌출은 집안에 불구자나 중풍환자가 발생하고 정신질환이나 신경통을 앓는 사람이 생겨나 흉상이다.
- 북서쪽이 튀어나온 집은 매우 길하며 북서 방위는 아버지, 가장, 남편

등을 의미한다. 가장은 가족들에게 존경을 받고 사회적으로 귀한 인물이 되며 출세하는 남편이나 아버지, 가장(家長)이 나온다. 그러나 북서 방위에 결함이 있는 집은 가장이 실직하고 질병이 따르며 단명(短命)한다.

- 남쪽이 적당히 튀어나온 집은 가정주부나 아이들에게 생기(生氣)가 넘쳐 주부가 활기차고 남편의 출세를 돕고 자식들이 건강하며 학업성적도 좋다. 그러나 남쪽이 너무 많이 튀어나오면 집이 화재로 타버리거나 소송과 횡액을 당하며 뇌졸중의 가족이 생긴다.
- 서쪽이 튀어나온 집은 그 길흉이 상반된다. 서쪽은 금전 운, 오락, 부인, 쾌락을 상징한다. 그래서 적당히 돌출된 가상(家相)이라면 부인의 덕으로 재물을 모으며 금전 운도 좋다. 그러나 지나치게 튀어나왔으면 주부가 바람이 나서 가정을 등한시하고 가족들의 생활이 음란해져 패가망신하는 수도 있다.
- 집의 남서쪽에 외양이 튀어나오거나 푹 패어 들어가지 않아야 길상이다.
- 남서쪽 부분이 불룩하게 튀어나오고 반대편 북서쪽이 쑥 들어간 집은 가장이 일찍 죽거나 부인이 집안을 이끌어 갈 때가 많다.
- 이런 집은 남서쪽 뜰 정원에 나무를 심어 남서쪽 기운을 저하시킨다. 누그러뜨리는 조치가 필요하다.

- 남서쪽이 길하면 인내심이 강하여 역경을 이기고 목표에 이른다.
- 집의 조건이 흉하면 가장이나 아들, 부인이나 딸이 밖으로 나돌며 음행을 저지른다.

서애 유성룡 선생 생가

02 음양오행설이란?

풍수에서는 사람의 운을 좌우하는 환경을 판단할 때 '**음양오행설**'을 기준으로 한다.

- 음양(陰陽)이란 그늘과 빛이라는 뜻이다.
- 음(陰)과 양(陽)은 상반된 성질로 구성되었다. 서로 보완하면서 균형을 맞춰야 한다. 음은 땅, 달, 여자, 들어간 것, 작은 것, 찬 것, 좁은 것, 부드러움으로 정적이고 어두운 것 등을 상징한다. 숫자는 2, 4, 6, 8, 10이다. 양은 하늘, 해, 남자, 나온 것, 큰 것, 더운 것, 넓은 것, 강함으로 활동적이고 밝은 것을 상징한다. 숫자는 1, 3, 5, 7, 9이다.

음의 기운은 보수적, 수동적 성질이며 양의 기운은 진취적, 능동적 성질을 지녔다.

예로 하늘과 땅(天地), 여자 음(陰)과 남자 양(陽), 뜨겁고 차가움 = 온냉(溫冷), 들어가고 나옴 = 요철(凹凸), 넓고 좁음 = 광협(廣狹), 밝음과 어두움(明暗), 삶과 죽음(生死), 낮과 밤(晝夜), 새 것과 오래된 것(新舊), 겉과 안=표리(表裏) 등등 ….

양(陽)	천(天)	남(男)	생(生)	명(明)	주(晝)	신(新)	겉(表)	온(溫)	광(廣)	철(凸)
음(陰)	지(地)	여(女)	사(死)	암(暗)	야(夜)	구(舊)	안(裏)	냉(冷)	협(狹)	요(凹)

- 오행(五行)이란 자연계에 존재하는 모든 현상과 만물을 구성하는 것을 말한다. 이는 목[나무-木], 화[불-火], 토[흙-土], 금[쇠-金], 수[물-水]라는 다섯 가지 요소인 오행으로 분류된다. 동서남북 4개 방위가 있고, 그 방위 사이에 북동, 남동, 남서, 북서의 4방위를 합쳐 8개 방위가 사용되고 있다.

  그 8개 방위마다 행운과 액운이 딸리며 그 개념은 음양오행설에서 비롯된 것이다. 오행을 팔방위(八方位)에 맞추어 서로 잘 어울리거나 부딪히는 쪽이 생겨 서로 생(生)하고 극(克)하는 바탕에서 행운과 액운의 길흉화복(吉凶禍福)을 예측한다.

- 사람도 남성은 화(火), 여성은 수(水)에 속한다.
- 음양오행은 풍수는 물론 방위, 주역, 관상, 수상 같은 점술뿐 아니라 한의학에도 이용된다.

▌예를 들어 한번 살펴보자

지난 2010년 경인년(庚寅年)을 왜 60년 만에 돌아온 백호(白虎)의 해라고 하는가? 이유는 간단하다.

동양의 음양오행 사상에서 매년마다 붙이는 십간(十干)과 십이지(十二支)의 연도 계산법을 알면 쉽다.

12가지 짐승을 나타내는 십이지(十二支)는 자(子-쥐), 축(丑-소), 인(寅-범), 묘(卯-토끼), 진(辰-용), 사(巳-뱀), 오(午-말), 미(未-양), 신(申-원숭이), 유(酉-닭), 술(戌-개), 해(亥-돼지)이다.

자(子)	축(丑)	인(寅)	묘(卯)	진(辰)	사(巳)	오(午)	미(未)	신(申)	유(酉)	술(戌)	해(亥)
쥐	소	범	토끼	용	뱀	말	양	원숭이	닭	개	돼지

여기에 10간(十干)은 5색과 5행, 방향, 절기를 나타낸다.
갑을(甲乙)은 청색[파랑-3, 8], 나무[木], 동쪽, 봄, 청룡(靑龍), 인(仁)
병정(丙丁)은 적색[빨강-2, 7], 불[火], 남쪽, 여름, 주작(朱雀), 예(禮)

무기(戊己)는 황색[노랑-5, 10], 흙(土), 중앙, 환절기, 신(信)

경신(庚申)은 백색[흰-4, 9], 쇠(金), 서쪽, 가을, 백호(白虎), 의(義)

임계(壬癸)는 흑색[검정-1, 6]으로, 물(水), 북쪽, 겨울, 현무(玄武), 지(智)를 나타낸다.

갑을 (甲乙)	청색 (파랑)	3, 8	나무 (木)	동쪽	봄	청룡 (靑龍)	인(仁)
병정 (丙丁)	적색 (빨강)	2, 7	불 (火)	남쪽	여름	주작 (朱雀)	예(禮)
무기 (戊己)	황색 (노랑)	5, 10	흙 (土)	중앙	환절기		신(信)
경신 (庚申)	백색 (흰)	4, 9	쇠 (金)	서쪽	가을	백호 (白虎)	의(義)
임계 (壬癸)	흑색 (검정)	1, 6	물 (水)	북쪽	겨울	현무 (玄武)	지(智)

그림으로 경인(庚寅)의 경(庚)은 백색을 나타낸다. 인(寅)은 범으로 호랑이를 나타내므로 백호(白虎 : 흰호랑이)가 되며 백호(白虎)는 숫호랑이다. 십간(十干)과 십이지(十二支)를 짝 맞추어 보자. 갑(甲)과 자(子), 을(乙)과 축(丑), 병(丙)과 인(寅)⋯ 이렇게 하면 **'육십갑자'**라 하여 경인년(庚寅年)은 60년 만에 한 번씩 돌아온다는 것을 알 수 있다.

서울 4대문과 보신각(普信閣)의 이름도 오행사상을 따라 지어졌다. 이런 명칭은 인(仁 : 동), 의(義 : 서), 례(禮 : 남), 지(智 : 북), 신(信 : 중앙)의 5덕(五德)을 표현한 것이다. 600년 이어져오던 대한민국의 문화유산인 국보 1호 숭례문이 2008년 2월 10일 소실되어 매우 안타깝고 국민들에게 크나큰 아픔으로 남게 되었다. 이 숭례문의 '례'는 여기서 유래한 것이다.

흥인지문[동대문] 돈의문[서대문]

숭례문[남대문] 숙정문[북대문]

사대문은 흥인지문[동대문]·돈의문[서대문]·숭례문[남대문]·숙정문[북대문]이고, 사소문은 혜화문[동소문]·소의문[서소문]·광희문[남소문]·창의문[북소문]이다.

경복궁 앞에 두 개의 해태석상을 세운 것도 **'음양오행설'**에 근거를 둔 것이다. 이는 화재나 재앙을 물리치는 신수(神獸)로 여기어 나라 임금[대통령]이 계신 경복궁 광화문 앞에 한 쌍의 해태석상을 설치한 것이다.

해태(獬豸)는 한국과 중국에 전해지는 전설상의 동물이다.

일본에서도 해태가 알려져 있으며 에도 시대의 동물도감에는 몸은 양과 비슷하고 네 개의 다리와 한 개의 뿔이 있다고 되어 있다.

해태는 사자와 비슷하게 생겼지만 기린처럼 머리에 뿔이 있고, 목에 방울을 달고 있으며, 몸 전체는 비늘로 덮여 있다. 또 겨드랑이에는 날개를 닮은 깃털이 있으며 태양을 지키는 불멸의 신수(神獸)이다.

여름에는 늪가에 살고 겨울에는 소나무 숲에 살며 선과 악을 간파하는 불가사의한 힘을 지니고 있다. 선한 사람과 악한 사람을 구분하여 악한 사람은 뿔로 받아 응징한다. 이 같은 속성 때문에 해태는 재판과 관계가 있다. 후세에는 해태의 모습이 재판관의 옷에 그려졌다.

한국의 경우에는 조선시대에는 관리들을 감찰하고 법을 집행하는 사헌부를 지켜주는 상징이었다. 사헌부의 우두머리인 대사헌이 입는 관복의 흉배에 해태를 새겼다. 오늘날에도 대한민국의 국회의사당과 대검찰청 앞에 해태상이 세워져 있다.

이는 해태처럼 자신의 마음을 가다듬고 항상 경계하며, 정의의 편에 서서 법을 공정하게 처리하라는 뜻이 담겨져 있다.

▎경복궁 앞에 세워진 해태상

해태는 왕의 재판이 공정하게 행해지는 시대에 나타난다고 한다. 또 화재나 재앙을 물리치는 신수(神獸)로 여겨져서 경복궁 앞에 한 쌍의 해태상이 자리 잡고 있는 것이다.

풍수지리설에 비추어 보면 서울은 나라의 수도로 더없이 평화롭고 좋은 곳이기는 하지만, 딱 한 가지 불에 약하다는 약점이 있다고 한다. 특히 관악산이 유달리 불의 기운이 강한 화산(火山)으로 경복궁 뒤의 북악산이 관악산보다 낮아서 그 기운을 막기가 무척 어렵다는 것이다. 그래서 불의 기운을 억누르기 위해 해태상을 세웠다고 한다.

▎숭례문 세로 현판

또 서울 성곽의 다른 문과 일반적인 문들의 현판들은 대부분 가로로 걸려 있다. 그러나 남대문인 숭례문의 현판은 특이하게 세로로 만들어져 있다. 이는 관악산의 화기에 대응하기 위하여 세로로 달았다고 전해진다.

03 상생(相生)과 상극(相剋)

서로 잘 어울리는 쪽은 상생(相生)이라 한다. 나무와 불[木生火], 불과 흙[火生土], 흙과 쇠[土生金], 쇠와 물[金生水], 물과 나무[水生木]가 있다.

반대로 서로 어울리지 못하고 충돌하는 쪽은 상극(相剋)이라 한다.

나무와 흙[木克土], 흙과 물[土克水], 물과 불[水克火], 불과 쇠[火克金], 그리고 쇠와 나무[金克木]가 있다.

간단히 설명해 보자.
오행의 상생(相生)은 불[火]이 타려면 나무[木]가 있어야 하고, 나무가 다 타면 재가 되고 마침내 흙[土]이 된다. 또 흙에서는 쇠[金]를 캘 수 있는데 쇠가 있는 곳에는 반드시 물[水]이 나온다. 그리고 나무[木]는 물[水]이 있어야 자랄 수 있다는 이론이다.

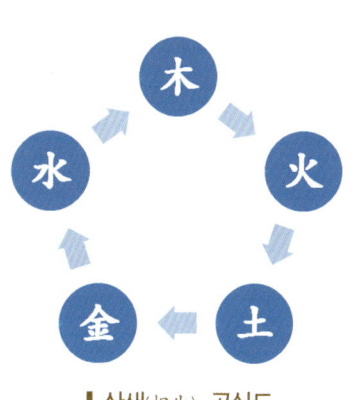

▌상생(相生) 공식도

상극(相剋)은 나무[木]는 흙[土]에서 영양을 빼앗고, 흙[土]은 물[水]을 탁하게 하거나 흐름을 막는다. 또 물[水]은 불[火]을 끄고, 불[火]은 쇠[金]를 녹인다. 그리고 쇠[金]는 톱이나 칼이 되어 나무[木]를 자르거나 벤다는 이론이다.

방위에는 각각 **'목화토금수'** 오행(五行)이 정해져 있으며 각 방위마다 고유 숫자가 배정돼 있어 숫자에 따라 그 방위로부터 행운과 불행이 오는 시기를 예상할 수 있다. 각 방위가 가지고 있는 기(氣)의 특징을 활용하여 부족한 것은 채워주고 넘치거나 남는 기운은 억제(抑制)해 주면서 음양의 조화가 잘 어울리도록 만드는 것이 중요하다. 동쪽은 오행에서 **'젊음과 의욕'**을 담당하는 목[木]의 방위이며 빨강은 생명력을 나타내는 화[火]의 색이다. 이로 인해 목[木]과 화[火]는 천생연분으로 목[木]의 방위인 동쪽에 화[火]를 상징하는 빨강을 같이 사용하면 활력이 샘솟고 잃었던 젊음도 되찾을 수 있다.

▎상극(相剋) 공식도

주역팔괘

(周易八卦 - 동, 서, 남, 북, 북동, 남동, 남서, 북서)

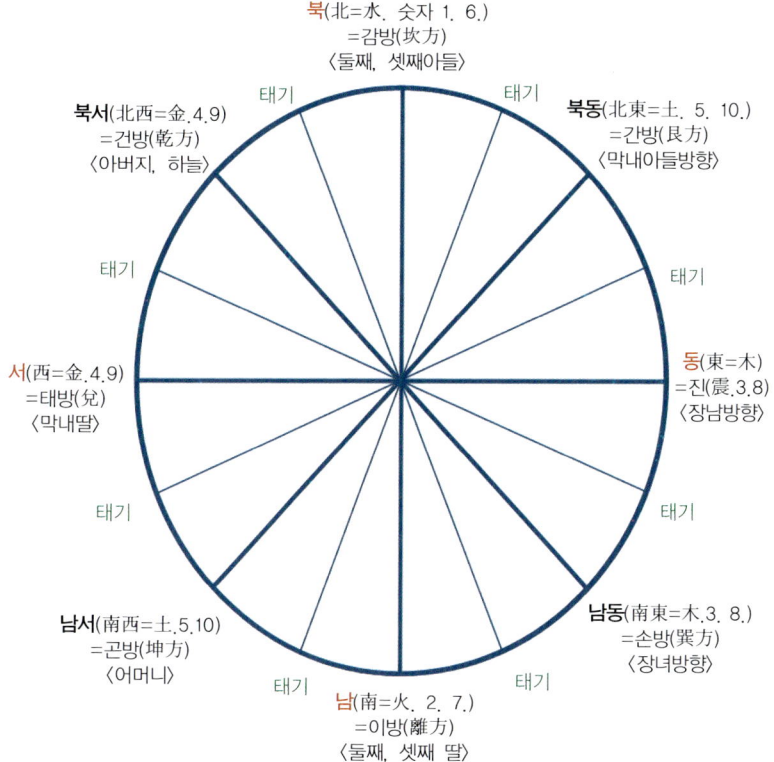

[방위와 음양오행의 목화토금수(木火土金水) 방향 표시도]

05 8방위의 성격과 특성

8방위는 각각 특유의 에너지와 고유의 성격과 특성이 있다.

동쪽	생육, 성장, 개척, 진출, 기회, 젊음, 건강, 새로움, 활동, 발전, 근면, 음향소리(TV, 오디오 등) - 놀라움, 분노, 진동	남동	완성, 신뢰, 결혼, 연애, 대인관계, 무역, 여행, 노력, 번영, 이익, 인기, 상거래 - 의지박약, 의심, 잠복, 욕심
서쪽	사랑, 금전, 기쁨, 수확, 불륜, 색정, 결혼, 오락, 취미, 단란, 온화 - 슬픔, 우울, 욕망, 색정, 천박함	남서	축적, 결합, 수용, 순종, 정숙, 모성애, 현모양처, 근면, 가정, 부동산, 토지, 인내, 무기력 - 고집, 편견, 태만
남쪽	정열, 화려함, 이별, 명예, 영감, 문명, 지혜, 학문, 예술, 번성, 발명, 성급함, 아름다움 - 싫증, 낭비, 분쟁, 사악, 성급	북동	변화, 혁신, 개혁, 계발, 이사, 전근, 저축, 놀음, 정지, 상속, 부동산, 정리, 교환, 고상함, 금전 운 - 중지, 정지, 후퇴, 지체, 사기, 근신, 보수
북쪽	평화, 자유, 차분함, 이지, 축소, 사랑, 어두움, 비밀, 애정, 남녀의밀회, 모임, 저축, 가난, 질병, 생식력, 잠재의식, 밀수, 안정 - 욕심, 빈곤, 고뇌, 곤혹, 함정, 위험	북서	통제력, 활동력, 결단, 완료, 완벽, 승부운, 출세 운, 신성함, 직장, 상사, 권위, 귀한 인물, 지도자 - 오만, 망상, 과욕, 흉폭, 가혹, 자신과잉

▎동(東)쪽 = 오행(五行) : 나무[木 - 숫자 3, 8]

- 주역팔괘(周易八卦) : 진방(震方)
- 해가 솟는다. 오전 5시~7시 묘(卯)시, 아침
- 계절 : 봄(음력 2월)
- 녹색, 파란색, 자주색, 연두, 분홍, 보라
- 동쪽의 가상(家相)이 길하면 = 젊음, 활력, 성장, 새로움의 도전, 젊어지고 싶은 마음
- 사업이나 장사에서 일찍 두각
- 장남(長男) 방향, 성인 남자
- 간장, 쓸개(담낭), 자율신경계, 기관지, 발, 목, 인후(동쪽이 주관하는 인체 부위)
- 가족 / 건강

▎서(西)쪽 = 오행 : 쇠[金 - 4, 9]

- 주역 : 태방(兌方)
- 해가 지는 방향, 오후 5시~7시, 유(酉)시
- 계절 : 가을(음력 8월)

- 노란색, 황금색, 은색, 흰색, 갈색, 분홍
- 서쪽의 가상이 길하면 = 상업, 금전 운에 관한 힘(입·금전)
- 기쁨, 수확, 남녀 즐거움, 대화, 연애에 좋은 운
- 셋째 딸, 막내딸 방향
- 폐, 호흡기, 대장(大腸), 치아, 입안
- 자녀

▍남(南)쪽 = 오행 : 불[火 - 2, 7]

- 주역 : 이방(離方)
- 한낮(陽의 세력 최고), 오전 11시~오후 1시, 오(午)시
- 계절 : 여름(음력 5월)
- 빨간색, 베이지색, 오랜지색, 녹색
- 남쪽의 가상(家相)이 길하면 = 명예, 지위, 지혜, 두뇌활동, 예술, 정치적 역량
- 아름다움 추구, 영감(靈感), 사교성, 교육, 폭력, 재판 소송 등 강력작용으로 유리
- 심장, 혈압, 소장, 뇌(머리), 방광, 눈

- 차녀 방향
- 명예

북(北)쪽 = 오행 : 물[水-1, 6]

- 주역 : 감방(坎方)
- 자정, 오후 11시~다음날 오전 1시, 자(子)시, 극음(極陰)에 해당
- 계절 : 겨울(음력 11월~동지섣달)
- 검은색, 회색, 흰색
- 북쪽의 가상이 길하면 = 중년남자, 화합, 남녀 간의 사랑, 섹스, 비밀을 지키는 에너지, 몰래 감춘 비자금의 운
- 환경에 적응하는 순응성, 유연성, 협조성을 맡은 방위
- 둘째, 셋째아들 방향
- 신장, 방광(음부), 귀[耳]
- 진로

▎동남(東南)쪽 = 오행 : 나무[木-3, 8]

- 주역 : 손방(巽方)
- 늦봄~초여름(환절기 음력 3월~4월, 오전 7시~11시, 진(辰)시~사(巳)시, 바람을 뜻함)
- 자주색, 오랜지색, 파란색, 녹색
- 상담거래에 영향력 발휘, 결혼, 남녀교제 인연을 맺어주는 에너지 방위
- 사회생활 원만, 원만한 대인관계
- 장녀(長女) 방향
- 쓸개(담낭), 식도, 호흡기, 왼쪽 – 손과발 고관절, 허리. 대퇴부, 엉덩이
- 재물

▎서북(西北)쪽 = 오행 : 쇠[金-4, 9]

- 주역 : 건방(乾方)
- 늦가을~초겨울(음력 9월~10월 오후 7시~11시, 술(戌)시~해(亥)시)
- 베이지색, 흰색, 황금색, 녹색, 갈색
- 서북쪽의 가상이 길한 집은 사회적 지위와 재산을 쌓을 수 있다.
- 활동력, 출세 운, 승부 운에 영향, 큰 규모의 기획 가능

- 남성 운기의 근원, 노후를 지켜주는 에너지
- 하늘, 아버지, 남편 방향
- 척추, 대장(大腸), 늑막, 머리
- 조력자

▍북동(北東)쪽 = 오행 : 흙(土 – 5, 10)

- 주역 : 간방(艮方)
- 늦겨울~초봄(봄이 시작되는 음력 12월~새해 정월, 오전 1시~새벽 5시, 축(丑)시~인(寅)시, 음(陰)의 끝에서 양(陽)이 시작되는 시기)
- 파랑색, 진한 갈색, 검은색, 녹색, 연두, 황토색
- 소년, 상속, 저축, 이사, 전근 등 변화의 에너지
- 자녀의 고민을 해소시키는 힘
- 막내아들 방향
- 손, 다리, 허리, 등, 코
- 지식
- 북동쪽은 귀문방(鬼門方)이라 하여 꺼리는 방위 중 하나(다른 방위보다 각별한 주의를 필요로 하는 방위).

남서(南西)쪽 ＝ 오행 : 흙[土－5, 10]

- 주역 : 곤방(坤方)
- 늦여름~초가을(음력 6월~7월, 오후 1시~5시, 미(未)시~신(申)시, 바람 없고 약간 흐린 따뜻한 날씨)
- 붉은색, 분홍색, 베이지색, 회색, 갈색
- 대지, 원만한 가정, 현모양처, 근면, 유순함, 노력, 충실 에너지, 부동산 운에도 영향
- 어머니, 아내 방향
- 내장의 모든 기관 위장, 복부, 비장, 오른쪽 – 손과 발
- 결혼
- 이곳도 북동쪽과 짝이 되는 귀문방(鬼門方)이다(이쪽 방위를 소홀히 하면 액운이 들기 쉽다).
- 목(木)은 나무로 만든 물건
- 화(火)는 플라스틱이나 화학 섬유류
- 토(土)는 도기(陶器)
- 금(金)은 금속류나 형태가 둥근 물건
- 수(水)는 어두운 곳의 유리 종류(밝은 곳의 유리 종류는 화(火)에 해당)

06 방위(方位)와 오행(五行)에 맞는 직종과 직업

- **동쪽** : 음향기술, 전기기술, 전화교환, 가곡 작곡가, 성악가, 엔진기술, 전산실, 발전기 제조업, 수목원, 폭약취급소, 과일가게, 꽃집, 목재상 등
- **서쪽** : 증권사, 보석상, 유흥업, 카바레, 디스코텍, 오락실, 노래방, 목욕-사우나탕, 편의점, 치과, 변호사, 금속세공업, 전당포, 금융관련업, 인기연예인(배우, 가수, 탤런트) 등
- **남쪽** : 언론인, 소설가, 판사, 검사, 연예관련매니저, 연예인, 교육분야, 문학강의실, 인쇄소, 출판사, 안과, 법률관련종사자, 사법서사 사무실, 흥행업소, 발명가, 방송국, 조명기구점 등
- **북쪽** : 횟집, 수산물계통, 찻집, 술집, 생수대리점, 상하수도 관리자, 주류판매나 도매점, 향락산업, 수영장 등
- **북동쪽** : 요식업, 숙박업, 부동산 중개업, 창고임대업, 보험영업소, 건축분야 등산가 등
- **동남쪽** : 운수업, 제지공장, 여행사, 지업사, 가구점, 목재상, 해외무역상, 유통관련업, 택배서비스업, 항공우편취급소, 교통정보 관련업 등

- **남서쪽** : 유아놀이방, 유치원, 산부인과, 간호 관련업, 심리상담가, 사회복지시설, 부동산중개업, 곡물상, 농산물유통업, 토목업 등
- **서북쪽** : 총수실, 회장실, 사장실, 중역, 장관급 인사, 정치인, 군인, 재판관, 경찰관, 교육가, 단체장 사무실, 사회유명 인사 사무실, 지도자 사무실, 자동차대리점, 제철업, 금속정밀분야, 귀금속판매상 등

▍CEO(사장)의 사무실을 정할 때 알아야 할 점

- 사무실에서 바라볼 때 외부 경관이 고궁의 뜰이나 푸른 정원이 내려다 보인다면 좋지만, 지저분한 환경이 보인다면 창을 가리는 편이 좋다. 그곳을 폐쇄하라는 것은 아니다.
- '내려간다'는 뜻보다 '올라간다'는 의미가 발전적이고 중요하다.
  - 몇 개 층을 쓸 경우라면 CEO의 사무실은 가장 위층에 둔다.
  - 한 층을 쓸 경우에는 북쪽이 상석(上席)이고 남쪽이 하석(下席)이다.
- 옛날 '임금은 남면(南面)한다'고 했듯이 CEO의 책상은 북쪽에 놓고 남쪽을 향해 바라보도록 한다.
- 북쪽에서는 서북방이 동북방보다 유리하여 좌측이 상석이고 우측은 하석이다. 삼정승 가운데 영의정 다음 우의정이 아닌 좌의정이다.

이상의 원칙을 따른다면 조직의 기강이 확립되고 최소한 하극상의 현상은 나타나지 않는다.

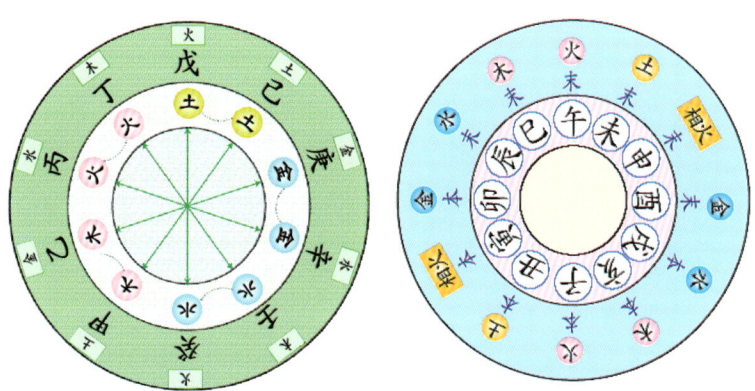

제3장
양택이 갖추어야 할 전체적인 요건

✤ 사람살기에 편안하고 적합한 곳은 먼저 집터가 좋아야 한다
✤ 가상의 결함과 생기가 약하면 풍수인테리어를 해야한다
✤ 농촌과 도시의 양택
✤ 주택의 3요소(三要所)
✤ 부엌이 길하면 자손이 번창하고 흉하면 자손이 없다
✤ 오행론
✤ 나무의 오행은 나뭇잎을 보고 구분한다
✤ 오행에 따른 소품들
✤ 대문 앞에는 큰 나무가 없어야 한다
✤ 건물은 안정되고 균형이 잡혀 미끈하게 아름다워야 한다
✤ 관엽 식물은 집안에 생기를 일으킨다
✤ 옷코디하기
✤ 그림을 통해 집안의 온기를 올린다
✤ 집에 신경을 쓰자
✤ 사람에 관상이 있듯이 집에는 가상(家相-집의 관상)이 있다
✤ 사람과 사람은 서로의 기를 주고받아야 한다
✤ 담장과 울타리는 지나치게 높거나 너무 낮아도 불길하다
✤ 막다른 집과 골목 끝의 집은 나쁘다
✤ 사는 집은 사람의 기(氣)를 변화시킨다
✤ 어떤 방위에 어느 종류의 정원수를 심으면 좋은가
✤ 대표적으로 쓰이는 정원수
✤ 장소에 따라 심지 않아야 할 나무
✤ 양의 기운과 음의 기운의 식물 구분

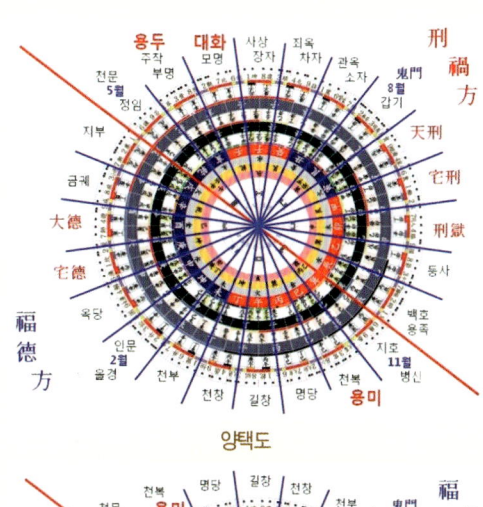

양택도

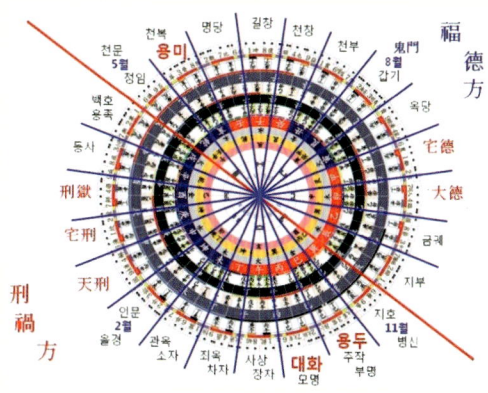

음택도

제3장   양택이 갖추어야 할 전체적인 요건

❚ 사람 살기에 편안하고 적합한 곳은 먼저 집터가 좋아야 한다

좋은 터란 용(龍), 혈(穴), 사(砂), 수(水)를 제대로 갖춘 길지를 말한다. 양택인 좋은 집터는 인간생활에서 중요한 보금자리이며 안식처로서 산수가 좋아야하고 인심이 좋아야 하며 대지와 주변 환경이 조화를 잘 이루어져야한다. 환경이 좋은 곳은 일광과 바람, 공기, 물이 조화를 잘 이루어 땅에 기운을 받음으로서 인체에도 좋은 영향을 받는다. 풍수지리 학문은 충(忠)과 효(孝)에 관한 학문으로 나라에 충성하고 어른을 공경하고 부모에게 효도하는 학문

이므로 청소년들에게 많이 보급되어야 한다.

우리 조상들은 집을 하나 짓더라도 먼 훗날 자손에 까지 대대로 물려주기 위해서 온갖 정성과 심혈을 기우렸다. 그러나 요즈음은 살아있는 사람을 중심으로 안락한 생활을 추구함으로서 양택에 관한 관심이 상당히 높아졌다. 시대변화에 따라 주택지의 개발과 서구 문명이 밀려오면서 집의 구조가 달라지고, 근래에 와서는 양택풍수가 급속으로 발전이 되고 있다.

- 양택풍수는 우리 인간이 살아가는데 오래도록 무병장수하여 건강하고 명예롭게 살며 부(富)도 누리고 윤택하게 살기위해서 필요하다.
- 양택풍수는 지기(地氣)가 왕성한 곳을 택해 사람이 거주하는 주택을 짓는데, 생활하기가 편리하도록 건물의 형태와 구조, 방위를 결정하고, 더욱 실내 장식뿐 아니라 주택의 내부와 외부 환경을 풍수적으로 잘 꾸며 생기가 충만하도록 잘 꾸미는 방법론이다. 풍수적 요건이 좋은 주택은 생기가 가득찬집이 되어 우주의 생기가 집안에 머물고, 그 곳에 사는 사람에게 건강과 행운을 가져다준다.
- 중요한 것은 무엇보다도 좋은 터 좋은 집에는 반드시 좋은 사람이 살아

야 대길하고 행복을 누릴 수 있다. 좋은 터이지만 주인이 못된 사람이라면 아무 소용이 없다. 좋은 집에는 덕을 많이 쌓은 착한 사람이 살아야 한다.

- 우리는 북향집보다는 남향집을 더 선호한다. 풍수지리 양택에서 자좌오향(子坐午向)의 집을 제일로 본다. 남향집은 북향집보다 여름에 시원하고, 겨울에는 따뜻한 장점이 있다. 그러나 사람의 필요로 하는 생기로서의 일조량은 남향집이나 북향집이나 차이가 없다.

▍가상(家相)의 결함과 생기가 약하면 풍수 인테리어를 해야 한다

가상(家相)이 결함이 있거나 생기가 약하고 지기가 허약하여 안 좋으면 가상을 바꾸든지 변형시켜 기를 복원하거나 가상의 기를 보강하는 비보풍수(풍수 인테리어)를 해야 한다.

- 현실적인 현대도시 생활에서 길지에 집을 짓고 살기는 어렵다. 그래서 현대 풍수는 집안에서 타인의 간섭 없이 스스로 할 수 있는 것들을 실천해 보완하는 비보풍수(풍수 인테리어)가 널리 이용된다. 이는 가구배치나 생활소품등을 바꾸는 침대위치, 서재위치, 책상배치, 벽지와 바닥재, 거울과 조명, 주방과 부엌, 테이블과 의자, 커튼과 옷장, 화장

실과 욕실, 신발장, 화분과 화초류, 그림 등을 이용해서 운기(運氣)를 강화하고 기를 보완해 주는 것이다.
- 집은 자식을 낳고 키우는 공간으로 집 내부에 기가 원활히 순환해야 질병이 없고 건강하다. 집은 수면과 휴식을 통해 피로를 풀고 활력을 되찾는 공간이므로 잠자리가 쾌적하고 편안해야 만사가 형통하다.

농촌과 도시의 양택

농촌 시골집과 도시에 있는 집의 풍수적 길흉을 살피는 방법은 같지가 않다. 시골에서는 입수 맥(脈)을 먼저 보고 다음 내룡(來龍)을 살핀다. 내룡(來龍)의 기(氣)가 장하고 물이 사방으로 둘러싸여 흐르면 크게 발복한다.

반면 도시의 집은 집짓는 택법(宅法)을 위주로 본다. 집을 구성하는 대문과 안방 그리고 부엌과 아궁이가 서로 조화롭게 배치해 있으면 효험이 크다. 시골의 집은 집터가 우선시되며, 도시의 주택은 건물의 주요 구조물과 방위적 배치가 우선시 된다. 집에서 바라다보는 산이나 건물인 안산(案山)은 눈썹과 심장사이의 높이여야 길하다. 물은 만물을 생성하게 한다. 어느 곳이던 물이 맑고 물맛이 좋은 곳은 물의 정기를 받아 뛰어난 인물이 태어난다.

▌주택의 삼요소(三要所)

집은 그곳에 사는 사람들에게 큰 영향을 끼친다. 양택에 있어서 대문과 안방과 부엌을 삼요(三要)라 한다. 양택삼요에 맞추어 집을 구성하는 **대문**, **안방**, **부엌**의 배치 구성이 풍수적으로 길해야 한다.

이 양택삼요가 조화롭게 서로 잘 어울려야 좋은 집 좋은 터라고 말 할 수 있다. 이는 대문에서 바깥기운을 받아들이고, 부엌에서 더운 공기를 발생시켜 안방에 머무는 사람들의 건강에 영향을 미치기 때문이다.

▌부엌이 길하면 자손이 번창 하고 흉하면 자손이 없다

대문은 기(氣)가 출입하는 중요한 곳이다. 그에 못지않게 부엌도 매우 귀중하다. 부엌은 질병과 관계가 밀접하므로 주택 구성의 주요 요소로 꼽힌다. 부엌이 길하면 자손이 번성하고 부엌이 흉하면 자손이 없다.

대문과 안방이 서로 조화를 이루어 부귀를 누려도, 이상한 질병에 시달리고 있다면, 그것은 모두 부엌이 흉하기 때문이다. 이것은 음식을 조리하거나 먹을 때 기(氣)가 음식에 스며들기 때문이다. 그래서 모든 만병은 대개 음식에 의해 생긴다. 부엌은 음식을 만들거나 저장하는 시설도 갖추고 있어 부엌은 가정에 길흉화복이 메아리처럼 생겨나는 곳이다. 부엌과 우물은 서로 바라보지 못하게 해야 한다. 남녀가 음탕해지는 것은 이 까닭이다. 우물은 집의 앞뒤나 방 앞의 주택 내에 두는 것은 피한다. 부엌은 동쪽과 남동쪽에 배치하는 것이 좋고, 부엌은 거실과 가깝게 이어지는 곳이 좋다.

오행론(五行論)

오행은 우주만물의 본질을 이루는 활동적 요소로서 목(木), 화(火), 토(土), 금(金), 수(水)의 5가지로 분류한다. 자연과 인간은 이 오행의 활동의 법칙에 의해 길흉화복(吉凶禍福)이 좌우된다.

▌나무의 오행은 나뭇잎을 보고 구분한다

- 나뭇잎이 길고 둥글게 생긴 것은 목(木)에 속한다.
- 나뭇잎의 끝이 뾰족한 것은 오행에서 화(火)에 속한다.
- 나뭇잎이 넓고 큰 종류는 토(土)에 속한다.
- 나뭇잎이 둥글고 크기가 보통인 것은 금(金)에 속한다.
- 나뭇잎이 아주 길고 축 들어진 형태는 수(水)에 속한다.
- 음양오행인 목(木), 화(火), 토(土), 금(金), 수(水)에서 담 넝쿨은 수(水)이므로 습기를 불러들여 좋지 않다.
- 음양오행에서 살구나무, 석류나무, 매실나무는 목(木)에 해당한다.
- 매화와 행운목은 음양오행에서 수(水)에 해당되며 산수화는 토(土)이다.
- 음양오행에서 단풍나무, 은행나무는 금(金)이므로 마을 어귀에 은행나무를 심으면 마을 사람들의 권위와 명예, 부(富)를 불러들이지만 가정집에서는 키가 크고 잘 자라는 관계로 심어서는 좋지 않다. 나무가 지붕보다 키가 크면 그 집의 지기(地氣)를 다 뽑아 버린다. 잎이 둥글게 생긴 화분은 음양오행에서 금(金)에 해당한다. 금(金)은 풍수지리에서 명예와 부(富)를 뜻한다. 집안에 금(金)기운이 부족하면 금(金)에 해당하는 화분을 두면 좋다.

- 음양오행에서 향나무, 소나무는 토(土)이므로 가정에서 토기(土氣)가 부족하면 장수와 부(富)의 상징인 소나무로 조경을 하는 것이 적합하다.
- 음양오행(陰陽五行)에서 열매가 달린 화분은 화(火)에 해당이 되어 실내가 침침하거나 햇빛이 잘 들지 않는 곳에 둔다. 집안에 화기(火氣)가 부족하면 이런 화분을 많이 놓아두는 것이 크게 도움이 된다. 잎이 뾰족하고 붉은 열매가 달리는 나무와 대나무는 화(火)에 속한다.
- 대문위에 조경수는 좋지 않다. 조경은 보기 좋은 나무를 많이 심는 것으로 생각해서는 안 된다. 음양과 오행의 조화를 이루면 몇 그루만 심어도 좋은 조경이 될 수 있다. 가장 큰 나무는 단지의 북서쪽에 심는다.
- 아파트의 조경은 오행의 원리에 맞게 한다. 또 아파트 짓는 곳과 관련된 주변의 역사나 환경과 조화를 이루어 조성하다.
- 집안에는 함부로 나무를 심지 않는다. 나무 한그루라도 헛되이 해서는 안 된다. 감나무, 대추나무, 살구나무 같은 유실수가 좋다.
- 삼각형의 집터는 나쁘며 비뚤어진 형태의 정원은 좋지 않다. 정원에는 큰 나무를 심지 말고, 정원수로 쓰지 말아야 할 나무는 잎이 넓은 오동나무, 넝쿨이 지는 포도나무, 등나무, 장미 등이다.
- 좁은 집터에 큰 집을 짓지 말고, 정원에 많은 돌을 멋대로 깔면 음기를 불러들여 집안이 망할 수도 있다.

- 실내화분은 키가 크면 안 좋으며 나뭇잎이 길쭉하던지 뾰족한 것은 좋지 않다. 화분의 흙에다 황토를 덮어주어 진딧물을 방지하면 좋다.

오행에 따른 소품들

부부나 가족 간에 기(氣)가 상충되어 불화가 예견될 때는 오행의 소품을 이용해 흉한 기를 중화시킨다.

오행	색깔	해당되는 소품
목(木)	초록, 파란색, 청색	나무 조각품, 화초류, 삼각형 물건
화(火)	붉은색, 빨강색	조명, 붉은 카펫, 벽난로, 뾰족한 것
토(土)	황토색, 노랑색	도자기, 흙 조각품, 사각형 물건
금(金)	흰색	시계, 모빌, 철의 물건, 둥근 물건
수(水)	검정색	수석(壽石), 유리제품

대문 앞에는 큰 나무가 없어야 한다

대문은 설치 장소도 중요하지만 형태도 중요하다. 대문기둥은 곧은 것으로 한다. 대문 기둥이 비뚤어지거나 구부러진 것은 주인의 체모나 위험이 서지 않고 신분, 권세, 지위가 쇠락하거나 질병에 시달릴 상이다.

- 대문과 처마에 큰 나무가 닿거나 기대있으면 안 좋다.
- 대문 앞에 큰 나무가 있으면 양기가 집안으로 들어오는 것을 방해하고, 음기가 밖으로 빠져나가는 것을 막기 때문에 화를 불러 흉하다. 대문 앞에는 버드나무를 심지 않으며, 대나무는 길상이다.
- 대문이 작고 집이 크면 재물이 모이고 부자가 되지만, 반대로 대문이 크고 집이 작으면 재물이 낭비되어 흉하다. 풍수는 내실을 더 중요시한다.
- 풍수에서는 건물을 산으로 보며, 아파트의 현관은 대문에 해당한다. 현관에 여러 광고물의 스티커들이 지저분하게 붙어 있으면 좋지 않다. 현관문은 깨끗이 닦아놓아야 집안에 복이 들어온다. 현관 문고리에 우유주머니를 끈으로 매달아 놓으면 좋지 않다.
- 마당은 대문을 통해 들어온 기가 마당의 한가운데에 모였다가 다시 양택의 주(主)된 공간과 부엌(竈=灶)으로 기를 공급해주는 공간이다.

여기서 주된 공간은 현관과 안방 문을 가리킨다.

- 집안에 앞문만 있고 뒷문이 없으면 불길하다. 앞뒤로 문을 설치할 수 없다면 창문을 뚫어 놓아야 무관하다. 창문이 아닌 뒷문이 뚫린 집은 밑 빠진 독에 물 붓는 격으로 돈이나 재물이 모두 뒤로 빠져 나간다.
- 빌딩과 점포의 경우 자동문은 큰 대문에 해당된다. 자동문은 안과 밖으로 기의 소통량이 많아 생기와 함께 재물도 빠져나가 흉하다.
- 회전문은 풍수적으로는 작은 문에 해당한다. 회전문의 규모는 크지만 안과 밖의 기가 서로 통하는 시간과 범위가 작기 때문이다. 가장 이상적인 점포 출입문은 바깥은 쌍 문을 달고 안쪽에는 다시 자동문을 설치하는 이중문이다. 쌍 문은 평소에는 한쪽 문은 걸어 잠그고 필요할 때에만 열고 닫는다.
- 마당의 형태는 정사각형이나 원형이 가장 좋다. 장방향 마당은 정사각형으로 바꿔주고, 삼각형 마당은 조경이나 울타리 등의 시설로 둥글게 만들어 주어야 한다. 마당에는 연못과 분수대를 설치하지 않는다. 마당에 연못이나 분수대가 있으면 그곳에 고여 있는 물에 마당의 생기가 흡수되어, 주택내부에 거주하는 사람이 건강을 잃게 된다.
- 마당면적은 주택면적에 비례하는 넓이가 좋으며, 마당은 건물보다 약간 아래로 배치한다. 수로와 냇물을 집안으로 끌어들이면 매우 흉

하다.
- 대문과 현관은 바람이 안으로 들어가도록 안쪽으로 열어야 복이 들어온다. 대문은 한 개만 설치하는 것이 바람의 방향을 일정하게 하여 안정적이다. 대문이 안으로 열리는 집에서는 기운이 모여 건강과 재물을 얻지만, 대문이 밖으로 열리는 집은 집안의 바람이 빠져 나가듯 건강과 재물이 빠져 나간다.
- 집을 지을 때는 큰 건물 옆이나 틈 사이에는 집을 짓지 말고, 넓은 하늘을 바라볼 수 있도록 집을 배치하고, 도로와 멀리 떨어져 집을 짓는다.
- 아파트에서는 거실이 마당이다. 빈터가 남쪽에 있으면 좋다. 남향집은 서쪽에 방을 만들면 좋다. 북동쪽이나 남서쪽은 심한 요철(凹凸)이 없어야 한다.
- 현관은 마당과 주택의 중심축에 설치한다. 약간 벗어나는 것은 무방하나 건물 끝부분이나 모서리에 설치하면 좋지 않다.
- 거실은 집의 중심에 두고 천장은 원형 형태가 가장 이상적이다. 천장을 높게 하면 살고 있는 사람들의 건강과 높은 이상을 갖게 되어 활발한 사회 활동으로 행운을 가져다준다.
- 아파트는 도로와 근접한 곳보다 안쪽의 깊숙이 들어간 아파트가 길하다. 집이 정면의 폭보다 안 길이가 넓고 긴 것은 길상이다. 반면 옆으로만 길게 퍼져나간 집은 흉상이다.

- 부모님을 모시고 사는 것은 괜찮지만, 아들집과 부모 집을 한 울타리 안에 두면 불화가 생겨 흉하다. 햇빛은 노인건강에 좋은 보약이 되므로 노인방은 남쪽이나 남동쪽에 두면 길하다. 노인방은 아래층이 좋다. 외진 곳은 피하고 정원등이 한눈에 들어오는 곳과 화장실을 가까운 곳에 있도록 만든다.

건물은 안정되고 균형이 잡혀 미끈하게 아름다워야 한다

지상1층은 기둥만 세우고 2층부터 올려놓은 건물, 지상1층을 주차장으로 쓰는 건물, 두 개의 건물을 다리로 연결한 건물, 2층집의 아랫부분은 터서 통로처럼 지나다니는 건물이나 집, 돌기둥이나 나무기둥위에 지어진 집, 돌출이 많고 균형이 잡히지 않은 건물 등은 가상(家相)이 좋지 못하다.

- 집을 짓는 위치가 평지보다 조금 높아야 하며, 앞은 낮고 뒤가 높아야 좋다. 집보다 사면이 높고 집이 있는 중앙이 낮으면 각종 병이 들고 집안이 쇠락해진다. 동쪽이 높고 서쪽이 낮으면 생기가 왕성하고 반대로 동쪽이 낮고 서쪽이 높으면 큰 부자가 못된다. 뒤가 높고 앞이

낮으면 영웅호걸이 태어나지만 반대로 뒤가 낮고 앞이 높으면 후손이 끊긴다.
- 산 정상이나 절벽아래 또는 산을 잘라 절개된 아래 터는 재산이 없어지고 관재구설에 시달려 흉하다. 집을 건축할 때는 늪지, 논, 연못, 개천을 매립한 장소는 피한다. 수맥이 흐르는 터는 만성두통, 피로감 등 이상한 각종 질병이 생긴다.
- 고층의 아파트는 땅에서 올라오는 기가 부족하면 질병에 시달린다. 좋은 기가 올라오는 층은 7층 이하이다. 아파트가 고층이면 비보책으로 집안에 화분을 두고 흙 갈이를 잘해주어야 한다.
- 택지는 평탄한 곳이 좋다. 도로를 물길로 보아 도로보다 아래쪽이나 고가도로가 지나가는 아래쪽에 집이 있으면 좋지 않다.
- 가족이 적고 집이 넓으면 가족 간에 대화가 줄어든다. 그래서 마음이 불안해지고 차차 가난해 진다. 반대로 작고 아담한 집에 많은 사람이 모여 살면 양기가 충만하여 가정이 단란하고 살기가 좋아지며 재물이 쌓이는 길상이다.
- 고층아파트에서 베란다를 통해 시야가 넓게 트이면 고독감에 마음이 불안하고 우울증에 걸리며 집을 나올 위험이 있다. 이는 넓게 트인 공간으로 건강과 화목 그리고 부(富)의 기운이 베란다를 통해 도망가려 하기 때문이다.

- 발코니 확장은 바람직하지 않아 여러 문제를 일으킨다. 발코니를 늘릴 때는 거실과 발코니의 천장 높이가 같아야 한다.
- 집은 남향집이 좋으며 주위의 집보다 높게 지은 집은 불길하고 재산이 늘지 않는다. 주택의 서쪽에 큰길이 있으면 길하다.
- 화장실과 욕실문은 밤에 닫고 자야 길하다. 주택의 중심은 항상 깨끗하고 따뜻한 기운이 모여 있어야 한다. 그래서 화장실 기운이 주택내부에 퍼지지 않도록 화장실은 구석에 설치해 둔다.
- 방 평면은 정방형이 가장 기가 많이 모이는 이상적인 형태이다. 가로와 세로의 비율은 1:1.7(3:5)이면 좋다. 방이 원형이면 매우 좋다. 방이 삼각형이면 주변사람과 마찰을 빚어 싸우거나 언쟁을 일으킨다.
- 창문은 벽 중심과 벽 상부에 설치하는 것이 가장 이상적이며, 실내가 생기 있도록 창문은 작고 아담한 것이 좋다. 창을 동쪽으로 내면 좋고 차고 앞은 가능한 넓을수록 좋다.
- 계단을 중앙에 만들면 집이 둘로 갈라져 가족의 화목이 깨진다. 계단실 입구에는 출입문을 설치하여 바람의 손실을 억제하는 것이 좋다.
- 경매로 나오거나 이사가 빈번한 아파트나 주택은 피한다.
- 스탠드는 흉한 기운과 찬기운을 몰아내고 집안에 따뜻한 기운을 만든다. 북향의 침실과 어둡고 습한 곳에는 스탠드를 설치하는 것이 좋다.
- 안방은 중심에 있고 어두워야 재물이 쌓인다. 안방과 침실은 서로

합해서 이용하는 것이 좋다. 안방은 주택 내에서 가장 중요한 공간이다. 현관에서 맞바로 들어오는 곳에 침실을 두면 좋지 않다. 침실은 앞쪽보다 안쪽에 있고 현관에서 앞이 막혀서 돌아가게 된 곳이 안전하고 조용하며 소음과 사생활이 보호된다.

- 남편이 바람을 피우면 북서쪽을 살펴보고, 여자에게 문제가 있으면 남서쪽을 살핀다. 아이들이 삐뚤어지면 동쪽과 동남쪽을 살핀다.
- 집주위에 전기송전탑, 첨탑, 암석, 위성통신탑 등 흉한 지형물이 보이면 살기를 뿜어 해롭다. 이런 곳은 거북석상의 머리를 그쪽으로 두어 설치한다.

▌관엽 식물은 집안에 생기를 일으킨다

- 마른 꽃이나 시든 식물은 흉하다.
- 집의 모서리는 흉한 기운이 많아 관엽 식물을 두면 흉한기가 중화된다.
- 양의 식물 : 국화, 향나무, 관음죽, 행운목 등
- 음의 식물 : 벤자민, 몬스테리아, 데팔레, 홍콩야자
- 공기정화나 전자파 차단 같은 기능성 식물을 집안에 두면 길하다.
- 공기정화식물 : 아레카 황야자, 접란, 파키라, 네프레피스, 스파티필럼, 벤자민고무나무, 디펜바키아, 산세베리아, 관음죽 등
- 집 앞쪽에 높은 건물이 있으면 베란다에 잎이 있는 관엽 식물을 나란히 놓아 배치한다. 이는 앞 건물에서 발산하는 억압의 누르는 기를 차단해 준다.
- 자연스러운 관엽 식물류의 화초를 두면 길하지만 분재는 해롭다.
- 분재는 나무를 인위적으로 억누르고 비틀어 나무모형을 교정한 것이니 고통의 기가 발생해 발전의 기를 가로막기 때문이다.
- 집안에 분재가 많거나 덩굴식물이 있으면 발전이 없다. 빙빙 돌며 자라는 넝쿨식물은 집안의 기를 왜곡시키거나 꼬이게 만들어 사업운이나 재물이 없어진다.

옷 코디하기

사람이 입는 옷의 색깔도 기(氣)를 지니고 있다. 빨간색은 양(陽)의 색이고, 파란색은 음(陰)의 색이다. 본인이 음양오행에서 가지고 있는 기에 맞는 색깔의 옷을 입어야 한다.

양기가 센 젊은 사람들은 푸르거나 검은 계통의 음기적인 옷을 입어야하고, 반대로 노인은 몸이 쇠약해 빨갛고 밝은 색 계통의 양기적인 옷을 입어야 음양의 조화를 이뤄 건강해 진다.

- 본인이 수기(水氣)를 지녔으면 흰색, 목기(木氣)를 가졌으면 검은 옷, 화기(火氣)이면 푸른색, 초록색 옷, 토기(土氣)는 빨간색 옷, 금기(金氣)를 지녔으면 노란색, 황토색 계열의 옷으로 코디한다. 간편하게는 남자는 넥타이, 여자는 스카프로 색을 맞추면 된다.

그림을 통해 집안의 운기(運氣)를 올린다

	꽃. 나무 그림	상징	동물 그림	상징
1	매화	절개. 장수	나비	80세노인
2	국화	군자. 장수	고양이	70세노인
3	대나무	절개. 축하	게	장원급제
4	모란	부귀	물고기	과거급제
5	소나무	장수	오리	장원급제
6	석류	자손 번창	잉어	효도
7	향나무	장수	사슴	벼슬
8	작약	귀한 친구	암탉	벼슬
9	복숭아	무릉도원	수탉	공명
10			까치	기쁜 소식
11			박쥐	오복
12			원앙새	아들

01 집에 신경을 쓰자

택지로 남서쪽이 낮고 북동쪽이 높아야 길상이다(남서쪽이 1층, 북동쪽이 2층이면 좋다). 남서쪽에 높은 건물이 시야를 막는 일이 없어야 좋다.

- 대지의 서북쪽이 높고 동남쪽이 낮은 집이 좋다(동남쪽은 1층, 서북쪽은 2층이면 좋다).
- 남서쪽이나 서쪽 방향에 멀지 않은 곳에 별채가 딸려 있는 집이면 매우 좋다(부동산으로 서서히 재산이 축적이 된다).
- 동쪽(건방) 북서쪽(건방) 남서쪽(곤방)을 잘 다스리면 부동산을 소유할 수 있는 운이 찾아온다.
- 남서쪽이 흉하면 남편이 직장이나 직업을 자주 바꾼다. 남서쪽이 흉하면 고집이 세고 남의 말도 듣지 않고 사기를 당하거나 남들과 자주 마찰을 일으킨다.
- 남서쪽은 주부, 어머니, 노파, 소화기, 영양, 근면의 뜻이 있는 방위다.
- 남서쪽 방위는 귀문이지만 이곳 가상이 흉하지 않으면 오히려 좋은 운기를 발생한다. 집의 남서쪽에 외양이 튀어나오거나 푹 패어 들어

가지 않아야 길상이다.

- 귀문 방에는 주방이라도 쓰레기를 모이지 않게 한다. 흔히 귀문 방은 무섭다고 알려져 있지만 결코 그렇지만은 않다. 귀문방위를 잘만 활용한다면 재물 운을 상승시킨다. 그것은 항상 귀문방위를 깨끗이 하면 된다. 쓰레기통이나 낡고 지저분한 물건과 깨지거나 고장 난 물건, 시든 꽃이나 말라버린 관엽 식물 등을 그대로 방치하여 기의 흐름을 혼탁하게 만들면 안 된다. 귀문 방을 더럽히면 재산을 잃는다.
- 남쪽이 흉한 가상이면 부인이 극성스러워져 부부싸움이 잦다. 남쪽의 가상이 흉하면 부부간의 불화와 자녀들이 탈선을 한다.
- 서북쪽에 창고나 산이 있는 집이 길상이다. 서북쪽이 길상이면 가장의 일에 대한 의욕과 활동력이 왕성해진다. 또 건강하고 재산이 늘어난다.
- 집안 남쪽에 욕실이 있고 화장실이 있으면 이런 집은 남편보다 부인의 언성이 높아진다. 그로 인해 남편은 코너로 몰리는 신세가 되어 상냥한 여자한테 눈길이 가게 된다.
- 북쪽이 남쪽보다 낮은 집터나 북쪽에 지하실이 있으면 좋지 않다. 이런 집은 북쪽 담을 좀 더 높이 쌓는 것이 좋다.
- 앞마당보다 넓은 뒤뜰은 좋지 않다. 이런 집은 적당한 크기의 창고나 별채를 지으면 좋다.

- 집을 향해 대로(大路)가 뻗어 있으면 흉한 기운이 들어온다.
- 정원(뜰)에 있는 연못은 주변에 습기가 많아 좋지 않다. 연못을 만들고 싶다면 주변에 키가 작은 나무나 화초를 심고 배수 설비에도 신경을 써서 항상 물을 깨끗이 해주어야 한다.
- 대문과 안방이 직선상에 놓이면 남편이 가정에 정을 붙이지 못한다. 이런 집은 중간에 나무를 몇 그루 심거나 화분으로 외부 시야를 가려서 차단한다.

사람에 관상이 있듯이 집에는 가상(家相 - 집의 관상)이 있다

사람마다 얼굴이 제각각 다르듯이 집도 다 다르다. 언뜻 보기에 같아 보여도 집터나 집안의 구조가 다르다. 가구가 다르고 벽에 걸려 있는 그림이나 거울도 다르고 벽지 색깔도 다르다. 정원에 나무도 다르다. 그로인해 받는 복도 화도 다르게 마련이다.

- 좋은 기는 좋은 대로 나쁜 기는 나쁜 대로 전해 준다. 매우 나쁜 기가 나오는 흉지(망지)의 집은 어쩔 수 없지만, 나쁜 기가 나오는 가상을 얼마든지 바꾸고 고칠 수 있다. 북서, 북동, 남서쪽을 보고 흉한 기운을 개선해 준다.
- 흉가는 밤에 귀신소리가 들리고 귀신이 나온다는 집만 흉가가 아니라 그 집에서 사는 가족에게 나쁜 기를 주는 집도 흉가로 본다.
- 부자가 된 집이나 행운이 있는 집을 사야 한다. 싼값에 나온 집은 흉가 인지 모르니 잘 알아보고 사야 한다. 집은 겨울에 사야 눈이 빨리 녹는 양지바른 곳인지 바람을 막는 곳인지 바로 알 수가 있다. 새로 진집은 독을 품은 집이다. 특히 가을공사 끝나고 겨울에 들어간 집은 사람이

죽거나 다친다. 가장부터 다친다.
- 천정이 높은 집은 기(氣)가 모이는 집이다. 그러나 옆을 트면 기가 흐트러진다.
- 주택이나 건물을 짓는 터는 네 귀퉁이가 바른 모양이 좋다. 정사각형보다 4 : 3의 비율인 직사각형이 길상으로 이상적이다. 주택이 대지에 꽉 차게 짓는 집은 통풍과 채광에 좋지 않다.
- 주택을 건축할 때는 돌이 많은 땅, 말라붙은 땅, 단단하지 않은 땅, 수분이 많은 땅에는 짓지 않는 것이 좋다. 땅의 토질이 나쁜 경우에는 다른 곳에 있는 좋은 토질의 흙으로 바꾸거나 함께 섞어서 사용한다.
- 우물이나 하천을 메운 자리인 매립지에는 될 수 있는 한 집을 짓지 않는다. 우물을 메울 때는 모래로 메우는 것이 좋다.
- 모든 집은 동북쪽과 남서쪽에 신성한 기운이 있다. 기가 흐르는 지점에 큰 물건이나 불필요한 물건이 있으면 당장 치우는 것이 좋다. 이는 사람의 머리나 가슴 등 중요한 부위에 무거운 돌을 올려놓아 핏줄을 누르는 것과 같다.
- 서북쪽이 길하면 남편의 출세 운이 강해진다. 서북쪽은 남자가 경쟁사회에서 능력을 십분 발휘하게 하는 힘이 있다. 집에 서북쪽 자리에 흉한 시설이 없는지 살펴본다. 흉한 시설은 물을 많이 사용한다든지 늘 습한 장소를 말한다.

- 동북쪽은 재물, 금전, 건강 운을 좌우하는 방위이다. 동북쪽은 가상이 좋으면 남편이 건강하고 재운이 있어 금전 운이 좋아진다.
- 길한 가상이 주는 좋은 기를 주부가 받아 남편이나 자식의 운세를 좋은 방향으로 이끌어 준다.
- 귀문방인 북동쪽이나 남쪽과 서쪽이 흉하면 자녀들이 말썽을 일으킨다.
- 북동쪽은 모든 것이 끝이고 아울러 새로운 시작이다. 북동쪽은 집안의 새로운 양기가 솟는 방위이다(양기 : 매사에 적극적인 행동). 북동쪽은 습하거나 불결한 시설이 있다면 좋지 않다.
- 좋은 기를 받으면 온 가족이 건강과 행운의 임자가 된다. 반대로 나쁜 기를 받으면 온갖 흉하고 불리한 일이 줄지어 닥치게 된다.
- 음택은 길흉화복을 후손에게 전해 준다. 양택은 그곳에 사는 가족들이 직접 길흉화복을 받는다.

03 사람과 사람은 서로의 기를 주고받아야 한다

남자는 양(陽), 여자는 음(陰)이므로 여자들(어머니와 딸)이나 남자들(아버지와 아들)로만 구성된 집보다 남자와 여자의 성별이 적절히 조화를 이루어야 생기(生氣)가 넘치는 길상(吉相) 주택이다.

- 집은 전망이 좋고 주변 경관과 어울려야 하며 크기나 높이가 다른 집들과 조화를 이루어야 한다. 살고 있는 집이 주변 옆집들에 비해 유달리 높고 클 경우 가족 건강이 나빠지고 집안에 불화가 따르고 재물도 모이지 않는다. 반대로 높은 건물이나 집들에 싸여 햇볕이 가려 전망이 막힌 집은 그늘이지고 음습하여 답답하고 냉기가 흘러 가족들의 건강과 운세가 막힌다. 집은 주변과 어울려야지 전체적인 조화를 깨뜨리는 것은 불운을 불러오는 것이다.
- 집 주위 근처에 헐벗은 산이 있든가 절벽이나 언덕이 있는 곳이나 높은 언덕 위에 지어진 집이나 별장은 사람의 생기를 해치고 재물을 흩어지게 하여 좋지 않다.
- 산은 인물로 보고 물은 재물로 본다. 산의 생김에 따라 큰 인물이 나고 물이 어떻게 흐르는가에 따라 큰 부자가 생겨난다. 집 주변에

산이 하나만 외롭게 솟아 있으면 독신주의자가 나오고 외로운 생활을 한다.

- 임산부가 있는 가정에서 집을 짓거나 개축을 하면 유산이나 난산의 원인이 될 수도 있다.
- 산비탈을 깎아서 집을 짓고 아래층은 주차장, 위층은 살림집으로 기둥 난간 위에 세워진 듯한 집은 아래가 텅 비어 아래층의 냉기가 집안에 유입되므로 사업실패나 사기 등을 맞고 부부 불화와 불륜으로 가정이 불행해지는 흉상이다.
- 집터에서 도로가 4면으로 둘러싸인 집은 매우 나쁘다. 3면으로 도로가 있거나 북쪽에만 도로가 있어도 나쁘다. 이런 집은 가족들이 교통사고나 괴질병 등의 재난이 생겨난다.
- 집터에서 도로가 남쪽과 동쪽 두 방향이나 남쪽과 서쪽 2곳 방면에 도로가 있으면 좋다. 무난한 도로는 동쪽이나 서쪽이나 남쪽의 어느 한쪽으로만 있는 도로이다.
- 결혼한 자식을 분가시킨다고 부모가 살고 있는 같은 땅에 집을 지으면 부모나 자식 모두 가문이 몰락할 수도 있다. 땅이 넓다고 부모의 집 택지에 자녀의 집을 지어서는 좋지 않다. 아들 선보려면 낮이 좋고, 딸 선보려면 밤에 보는 것이 유리하다.
- 목제로 된 통나무 같은 울타리를 세우면 안정된 기가 들어온다.
- 건물이나 집은 출입구 앞쪽의 땅이 넓을수록 길운을 가져온다.

- 대문이나 출입문은 앞쪽에 있을수록 좋으며 집의 정면에 공터나 정원이 있으면 좋다.
- 현대의 도시 풍수에서는 높은 고층 건물이 음택 풍수의 산(山)을 대신하고 도로나 길이 강을 대신한다. 산과 아파트는 양(陽)의 기운, 강과 도로는 음(陰)의 기운이다.

04 담장과 울타리는 지나치게 높거나 너무 낮아도 불길하다

집 터가 넓거나 2층이면 담장이 조금 높아도 되지만, 집터가 좁은데 담장이 높으면 생기를 해치거나 행운을 떨어뜨릴 수 있다.

- 남상은 높은 것보다는 낮은 것이 좋다. 그러나 너무 낮아 집안이 훤히 보이면 시선을 끌어드려 엉뚱한 소문과 도둑의 침입이 잦고 외부의 거친 바람이 직접 들어와 가족들에게 해롭다.
- 가장 적당한 높이(1.5~1.8m 정도)는 어른 키보다 약간 높은 2m 안팎이면 좋다. 집과 담장 사이가 가까이 있다면 더 낮아져야 좋다.
- 담장은 단정하고 모양이 반듯해야 생기가 좋아진다. 기울어진 담장, 허물어진 담장, 파손된 담장은 좋지 않다. 이런 담장을 가진 집은 가장이 불의의 사고나 사업이 안 되어 집안이 점점 기울어진다.
- 정원에 나무를 심어 담장이나 울타리를 하면 생기를 일으켜 좋다.
- 복잡한 도시에서는 매연 등 나쁜 기를 막아주기 위해 벽돌 담장을 쌓는 것이 좋다.
- 정원수는 없는 것보다는 있는 것이 좋다. 그러나 아무 곳에나 방위와 관계없이 마음대로 정원에 가시가 있는 나무나 속이 빈 나무, 넝쿨나

무, 색깔이 자주 변하는 단풍나무, 그리고 큰 나무 등을 심으면 가족의 건강에 매우 좋지 않다.

- 정원수는 나무의 높이가 3미터를 넘지 말아야 한다. 그 이상의 무성한 큰 나무는 햇볕을 가려 오히려 좋지 않다. 큰 나무를 심는 것은 흉상이다.
- 정원수는 침실의 창문과 떨어져 있어야 한다. 집과의 거리는 20미터 정도는 떨어져야 좋다. 너무 가까우면 집터나 집안의 생기를 나무가 흡수해 버리며, 밤이면 나무가 내뿜는 이산화탄소로 인해서 가족들의 건강을 크게 해친다.
- 대문이나 현관 앞쪽에 큰 나무(거목)가 있는 것은 흉상이다. 집안으로 들어오는 햇볕과 행운을 막는다.

05 막다른 집과 골목 끝의 집은 나쁘다

막다른 집과 골목 끝의 집은 골목으로 불어 닥치는 바람에 의해 재산이 흩어지고 가족들 건강이 악화되어 흉가로 전락할 수도 있다. 또 도둑의 목표물이 되며 교통사고를 당하기 쉽고 화재 등의 긴급할 때 대피하기가 어렵다.

- 산기슭의 벼랑 밑이나 계곡의 입구 주변에 있는 집은 산사태와 홍수 등의 위험이 있으며 이런 곳에 살면 모든 질병의 원인이 된다.
- 옆집을 사서 담장과 벽을 터서 한 집으로 사용하는 것은 각각 집들의 가지고 있던 성격이 다른 기와 충돌하여 아주 좋지 않다. 이런 경우 가족들이 횡액을 당하거나 인명상의 재난을 당해서 가정이 점차 쇠퇴한다.
- 가장 좋은 집터와 택지는 반듯한 네모의 사각형상의 땅이 매우 좋고 길상이다. 이때 건물은 가로 세로 비율이 3 : 2 정도면 최고의 길상이다. 이런 집은 경제적으로 풍족하며 자녀들은 공부를 잘해 성적이 향상되고 품행이 단정하고 크면 출세 운이 좋아 경제적으로 안정된다.
- 창문이 너무 크거나 많은 집은 좋지 않다. 창문이 지나치게 많은 집은

바람 잘 날이 없다. 자녀들은 학업보다 이성 관계에 더 흥미를 가지며 부인은 살림을 등한시한다. 집안에 도둑이 자주 들어온다.
- 남동쪽의 창문은 집안이 상승하여 가문이 번창하게 된다.
- 북서쪽의 창문은 남편인 가장이나 윗사람의 건강을 해친다.
- 동쪽이나 남쪽의 창문은 길하다. 서쪽에 창문이 많거나 큰 출입문이 있으면 부부싸움이 많고 여자 쪽 목소리가 커지며 재물운도 좋지 않다.
- 문짝과 문틀이 맞지 않으면 부부간의 불화가 심해진다. 식구들 중에 다리나 팔을 다칠 수도 있다.
- 부엌에는 될 수 있는 한 못을 박지 않도록 한다. 못이 많은 부엌은 나쁜 기를 불러올 수 있다.
- 높은 아파트에 살면 쉽게 피로를 느끼고 권태감에 빠지게 된다. 노인들은 관절염이나 신경통으로 고생할 수 있다. 고층 아파트에 살면 머리가 빨리 빠지고 태양빛이 적은 지하나 반 지하에 살면 우울증이나 정신이상이 올 수도 있다.
- 좋은 집이란 맑은 공기가 원활히 소통되고 햇볕이 잘 들며 맑고 깨끗한 물길이 집주변을 감싸 흐르는 집이다. 생기(生氣)를 방출하는 땅에 지어진 집이야 말로 양택 명당이다.

06 사는 집은 사람의 기(氣)를 변화시킨다

좋은 집에서 산 경우 긍정적인 사고방식과 발전적이며 활기찬 생활을 유지할 수 있다. 행복한 삶을 창출한다.

- 오후나 밤에 이사 갈 집을 보러 다니는 것은 바람직하지 않다. 오전 9시~오후 1시 사이가 가장 적당하다. 아침의 햇살이 집안에 제대로 들어오나 보아야 한다. 오후에 밝은 집은 서향집으로 직사광선에 그대로 노출되는 가상(家相)이다.
- 서쪽에 지나치게 큰 창문이 있거나 서쪽으로 열려진 집은 금전 낭비나 불륜 등의 문제가 생긴다.
- 단독주택에서 오른쪽에 차고가 있다면 왼쪽에 정원석이나 조각상 등을 두어 한쪽으로 치우친 기가 바로 균형을 이루게 해야 한다. 또는 정원석이나 조각상 대신 왼쪽으로 작은 길을 만들어 불균형을 없앤다. 정원석은 정원의 크기와 조화를 이루어야

한다. 좁은 정원에 정원석이 많으면 음기가 몰려 좋지 않다. 차고 앞은 전면이 넓어야 좋다.

- 정원(마당)이나 지붕 처마 끝에 너무 밝지 않은 적당한 밝기의 전등을 켜두는 집이 좋다. 베란다나 볕길이 닿지 않는 어두운 구석일수록 밝은 조명을 달아 두어야 한다.
- 요철(凹凸)의 건물에서 들어가고 나온 귀퉁이나 구석에 적당한 밝기의 전등을 설치하면 기의 순환을 돕는다.
- 경사가 진 비탈진 곳에 지어진 집은 아래 부분에 밝은 전등을 설치하여 생기가 빠져나가지 않게 한다.

07 어떤 방위에 어느 종류의 정원수를 심으면 좋은가

- **동쪽** : 소나무, 벚나무, 매화나무, 복숭아, 버드나무, 은행나무, 차나무, 자두나무를 동쪽 방위에 심으면 좋다.
- **서쪽** : 소나무, 떡갈나무, 대추나무, 느릅나무, 석류나무는 서쪽 방위
- **남쪽** : 오동나무, 매화나무, 자두나무, 대추나무 등 작은 키의 과실류 등은 남쪽 방위
- **북쪽** : 매화나무, 홰나무, 은행나무 등 큰 키의 거목들은 북쪽 방위에 심어야 이롭다.
- **북동쪽** : 매화나무 등 키가 작은 관목류
- **남동쪽** : 매화나무, 대추나무, 산뽕나무
- **남서쪽** : 매화나무, 느릅나무, 대추나무, 모란, 구기자
- **북서쪽** : 소나무, 감나무, 은행나무, 측백나무, 느릅나무, 석류나무
- 소나무, 홰나무, 감나무, 사철나무, 대추나무, 장미, 라일락, 향나무, 대나무는 어느 방위에 심어도 생기를 주며 가족들에게 건강과 행운을 준다.

08 대표적으로 쓰이는 정원수

- **장미** : 모든 방위에 행운을 불러온다.
- **대추나무** : 서쪽이나 남쪽 문앞에 심으면 자손이 번성하고 행복해진다.
- **감나무** : 북서쪽에 심으면 가장이 건강하고 자손들이 화목하다. 주의할 것은 창문 앞에 심어서는 안 된다.
- **오동나무** : 남서쪽이나 북서쪽에 심는다. 그러나 우물가나 앞마당에 심으면 매우 나쁘다.
- **소나무** : 북쪽에 심으면 대 흉상이다. 기타의 다른 방위는 무방하다.
- **소철나무** : 어느 방위에 심어도 흉하여 정원수로는 써서는 안 된다.
- **사과나무** : 어느 방위에 있든지 흉상으로 정원수로는 적당하지 않다.
- **구기자나무** : 방위와 상관없다. 옛날에는 우물가 옆에 심으면 길상으로 여겼다.
- **라일락** : 어느 방위든지 길하며 행운을 강화시킨다.
- **은행나무** : 북쪽이나 북서쪽에 심으면 가운이 번성하고 무병장수한다.

09 장소에 따라 심지 않아야 할 나무

귀 문 방위인 북동쪽과 남서쪽, 또 북서쪽에 키가 큰 나무를 심지 않는다.

- 우물가에는 오동나무나 복숭아나무를 심지 않는다.
- 집안에 무궁화나무나 단풍나무를 심지 않는다.
- 집 가까이에 키 큰 나무나 대문 앞에 큰 오동나무를 심지 않는다.
- 서남쪽 방위에 복숭아나무나 자두나무를 심지 않는다.
- 동남쪽에 은행나무를 심지 않는다.
- 대문 앞이나 대문 양쪽에 키 큰 나무를 심지 않는다.
- 마당 한 가운데는 나무를 심지 않는다.
- 정원의 한 가운데는 버드나무를 심지 않는다.
- 줄기가 굽어진 나무는 심지 않는다.
- 집안에 오래된 거목을 잘라 버리지 않는다.

10. 양의 기운과 음의 기운의 식물 구분

기(氣)	식물
양(陽)	단풍나무, 야자나무, 대나무, 아카시아, 벚나무, 감, 앵두, 국화 등
음(陰)	포도, 바나나, 무화과, 파파야, 배나무 등

11 한국의 대표적 양택 모습

▍이승만 전 대통령의 이화장

서울 종로구 이화동의 이화장은 이승만 초대 대통령이 거주하던 곳이다. 이화장에서는 서울 시내가 한눈에 내려다보인다. 이곳에서는 서울 남산이 청룡이며, 북악산이 백호, 인왕산이 안산으로서 사신사가 고루 갖추어진 지세를 이루고 있다.

이 가운데 가장 중요한 역할을 하는 산은 문필봉 형태를 이루고 있는 북악산이다. 북악산은 백호이면서 안산과 같은 역할을 하여 이화장을 향해 마주 보고 있음으로써 명당을 이루고 있다.

배산임수의 이론에 합당한 데도 남향으로 배치, 생기를 저해하고 있다. 결과적으로 지세는 명당이지만, 건물 형태나 배치 방법은 여러 가지로 부족함이 많았다.

▌박정희 전 대통령의 생가

박정희 전 대통령의 생가는 경상북도 구미시 상모동에 소재하고 있다. 지금의 선산읍은 구미가 시로 승격되기 전까지는 구미의 정치, 행정, 문화의 중심지였다. 조선시대의 읍치로서 관아와 읍성을 가지고 있었다. **"조선 인재의 반은 영남에서 나고 영남 인재의 반은 선산에서 난다."** 는 말은 선산읍을 둘러싸고 있는 비봉산의 정기 때문이라고 전한다.

전두환 전 대통령의 생가

전두환 전 대통령의 생가는 경남 합천군 율곡면 내천리에 있다. 생가는 안채, 행랑채, 측간 초가 건물로 이뤄져 있다. 처음에는 5채였으나 1988년 11월 방화로 2채가 소실됐다. 이 마을의 실질적 주산(主山)은 정상에 '못재'라는 연못이 있는 산이다. 이 못재가 있는 곳에서 능선이 뻗어내려 마을을 감싸고 있고 이때 동네의 왼쪽 산줄기 즉 청룡 끝줄기에 생가가 위치해 있다.

이곳은 내룡이 확실하고 청룡이 다한 지점이며, 생가의 좌청룡은 열두 폭 병풍과 같은 산이 황강 밖으로 둘러치고 있다. 우백호는 집 앞까지 감싸 본신 안산을 겸하면서 공손하게 절을 하고 있다. 백호 안산은 여자, 재물, 부하를 상징한다.

▮ 김영삼 전 대통령의 생가

김영삼 전 대통령의 생가는 경남 거제시 외포리 대계마을에 있다. 생가의 특징은 산 능선이 동네 한가운데로 뻗어내려, 산 능선의 끝집이면서 동네 중심부에 자리하고 있다는 점이다.

주산과 좌청룡 우백호를 거느린 동네 한가운데 위치하고 있는 것이다. 생가는 풍수이론에서 말하는 편안한 땅에 있는데, 그런 땅의 성격은 친화적이고 여유가 있다

김대중 전 대통령의 생가

김대중 전 대통령의 생가는 전남 신안군 하의도에 있다. 생가는 본채, 헛간, 측간 등의 초가집으로 이어져 있으며, 1999년 김해김씨 종친회에서 돈을 모아 복원한 것이다. 실제 생가터에는 터를 알리는 돌만 놓여져 있는데, 이곳에서 20m 정도 떨어져 있다. 생가 앞으로는 다섯 봉우리가 이어져 있어서 오봉산이 되는데, 이 봉우리가 백호이자 안산을 겸한다.

▌노무현 전 대통령의 생가

노무현 전 대통령의 생가는 경남 김해시 진영읍 본산리 봉하마을에 속해 있으며, 생가는 진영읍에서 동북쪽으로 4.5km 떨어진 마을 끝자락에 위치해 있다. 작은 방 2개와 부엌이 일렬로 늘어서 있는 생가는 청색 빛 감도는 슬레이트 지붕이 인상적이다. 생가 주변을 보면 눈에 띄는 것이 봉하산인데, 거대한 암괴로 이뤄져 있어 강기와 살기를 띠고 있다. 봉하산은 그리 높지 않으나 김해, 창녕, 창원, 마산, 김해 등 5개 시가 보이는 영산이다.

▎반기문 UN사무총장의 생가

반기문 유엔 사무총장의 생가는 충북 음성군 원남면 상당리로 보덕산 아래에 자리하고 있다. 생가는 1930년대에 축조되어 2002년에 헐리었는데, 일자형으로 방이 세 칸이었다 한다. 생가터는 동·서 사택법으로도 육중(六中) 천복(天福) 격에 해당돼 더없이 좋은 방위다. 생가터 앞에는 사시사철 물이 마르지 않는다는 명당수(진응수)가 자리하고 있다.

양택 길지로 갖춰야 할 조건은 빠짐없이 갖춘 곳이다.

삼성그룹 고(故) 이병철 회장의 생가

삼성그룹 창업자 고(故) 호암 이병철의 생가는 경상남도 의령군 정곡면 중교리 장내마을에 위치해 있다.

호암의 조부가 지었다는 생가는 일자형 평면 형태로 지어졌고 전체적으로 남서향의 평평한 땅 위에 자리잡고 있다. 배산임수 집터를 정할 때 가장 이상적으로 여기는 배치로, 집을 지을 때 뒤에 산이나 언덕이 있고, 앞에는 강이나 개울, 논, 연못 등 물이 있어야 한다는 원칙을 따르고 있다.

곡식을 쌓아 놓은 것 같은 노적봉 형상을 하고 있는 주변의 산의 기가 산자락 끝에 자리 잡은 생가에 혈(穴)이 되어 맺혀 융성하고, 멀리 흐르는 남강의 물이 빨리 흘러가지 않고 생가를 돌아보며 천천히 흐르는 역수(逆水)를 이루고 있기 때문에 재물이 쌓일 수밖에 없다는 명당중의 명당이라고 볼 수 있다.

고(故) 이병철회장님 생가 - 사랑채

경복궁

경복궁은 조선 왕조의 정궁으로 봉황의 기운이 서려있다. 생기 중 권력, 부, 명예의 기운이 골고루 갖춰진 명당이다. 서울 시내 명당 중 기운이 가장 세며, 점이 아닌 면으로 넓게 나타난다.

과거 일제는 민족의 기운을 가로막을 목적으로 한일병합 후 광화문을 해체하고 그 자리에 날 일(日)자 형태의 조선총독부 건물을 세워 식민통치의 중심지로 삼았다. 해방 후에도 총독부 건물은 경복궁을 가로막은 채 중앙청으로 존속되다 2006년 광화문 복원공사가 시작되며 비로소 제자리를 찾기 시작했다.

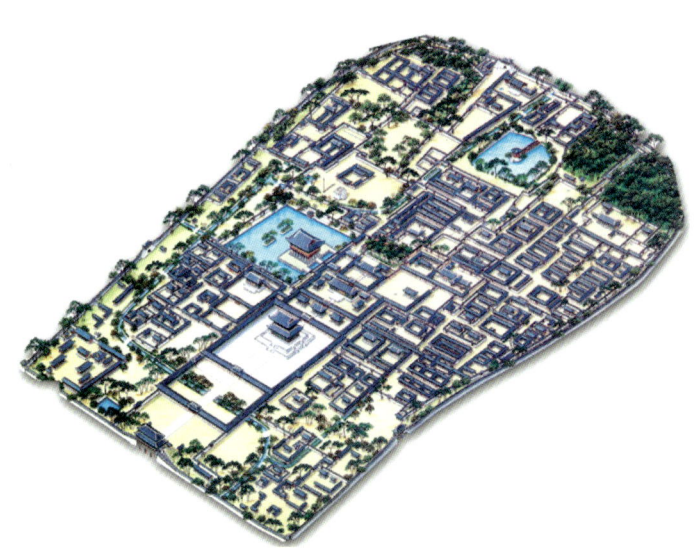

[경복궁 복원도]

정독 도서관

정독도서관은 옛 경기고등학교 자리에 세워졌다. 1900년에 개교한 경기고등학교는 나라의 일꾼을 많이 키워낸 명문이다. 경기고가 있던 종로구 화동의 터는 갑신정변을 주도했던 김옥균 선생이 살았었고, 총포를 만들던 화기도감이 있었으며, 사육신 성삼문 선생이 살았던 만큼 유서가 깊다.

도서관 본관 앞 정원 일대가 마음을 편안히 하기에 가장 좋다.

봉은사

봉은사는 생기 중 부의 기운이 특히 강하다. 일주문 앞 아미 모양의 인공구조물은 천혜의 풍수적 요건을 갖춘 금고 모양을 이뤄 이곳에 부를 모은다. 부자 사모님이 많이 찾아오는 터다. 봉은사 일대는 대체로 기운이 좋은데 그 중에서도 대웅전과 미륵불 마음을 다스리기에 가장 좋다.

남산국립극장

남산 국립극장 앞 계단과 광장, 그 일대에 생기가 있다. 특히 부와 명예의 기운이 많다. 국립극장과 연결되는 남산 숲 속 산책 코스도 상한 마음을 다스리는데 좋다. 해오름극장은 주변에 여기 저기 앉아서 쉴 만한 곳이 많다. 나무 그늘에 앉으면 마음이 편해지는 것을 느낄 수 있다.

▎올림픽 공원 평화의 문

올림픽 공원에 가면 중앙에 우뚝 선 평화의 문을 볼 수 있다. 평화의 문 앞 너른 광장은 여러 기운 중 명예를 포함한 부의 기운이 가장 강하다. 평화의 문부터 몽촌 토성 역까지 그 기운이 뻗쳐있다.

명동성당

명동성당은 여러 기운 중 특히 명예의 기운이 강하게 형성되어 있다. 성당과 그 주변의 좋은 기운은 상심한 마음을 위로하기에 충분하다. 명동성당은 힘들고 지칠 때 기도해도 좋고, 성당 주변 벤치에 가만히 앉아 있기만 해도 기분이 달라짐을 느낄 수 있다.

성당 앞에 들어선 건물들은 자체적으로 멋진 풍경을 연출한다. 은행, 증권사 건물이 많이 보이는데 이는 돈 많은 손님이 많다는 것을 뜻한다. 그보다 뒤에 있는 큰 건물 두 개는 명동성당과 인연이 있는 사람이 나라를 이끌 인도자 역할을 하게 됨을 암시한다. 그 만큼 명동성당과 일대의 기운은 좋다.

압구정동 현대백화점

압구정을 감싸고 흐르는 한강은 미인의 눈썹모양 혹은 용이 물을 굽어보는 형상을 이룬다. 그런 형상은 풍수지리학적으로 재운과 건강 운이 흐르는 최고의 명당을 의미한다. 압구정 중심의 현대백화점 자리는 재운의 상징인 배꽃으로 유명하여 행복한 기운이 더욱 가득하다.

계룡대

계룡대는 2003년 우리나라에서 가장 작은 시로 개청한 계룡시에 위치하고 있다. 계룡시는 예로부터 풍수지리적 대길지 3악의 하나인 계룡산이 자리하는 천혜의 복 받은 땅이다. 조선 태조이성계가 신도읍지로 정해 대궐공사를 벌이던 주춧돌이 문화재로 남아있다. 신도안이라는 지명이 쓰이는 곳으로 현재 육군, 해군, 공군 3군 본부가 위치한 국방중추도시이다.

제4장
아이들 방은 이렇게 꾸미자

❖ 아들은 동쪽과 북동쪽 방, 딸은 동남쪽과 남쪽 방이 좋다
❖ 예술가, 판사, 검사, 선생으로 키우고 싶으면 남쪽방이 좋다
❖ 자신의 띠와 맞는 방위에 책상을 배치하자

제4장 아이들방 이렇게 꾸미자

아이들(학생) 방은 매우 중요하다. 주역에서 진방(동쪽)은 맏아들, 간방(북동쪽)은 막내아들에 해당하는 방위이고, 손방(동남쪽)은 큰딸, 이방(남쪽)은 작은딸의 방위이다. 조건이 맞지 않는 방이라도 방안의 가구배치나 실내장식과 침대 위치를 바꿔 원하는 기운을 불러들이는 차선책도 있다.

아이들의 공부방은 그들의 성장의 변화를 고려하여 가능하면 공부방과 침실은 따로 둔다. 한 방에서 공부하고 잠을 자고 식사도 하며 모든 생활을 한다면 문제가 있다. 공부하는 방위의 생기(生氣)와 잠자는 방위와 장소의 기(氣)가 다르다. 공부방 책상 위치가 문에서 바로 보이면 좋지 않다.

아이들 방은 아침햇살이 환하게 비치는 방이 좋다. 아침햇살이 들어오도록 창문이 동쪽에 있는 것이 좋다. 동쪽으로 드나드는 문이 있으면 좋고 남쪽에는 큰 창문이 있는 것이 좋다. 어린이의 방은 주택의 중앙에 두는 것은 좋지 않다.

01 아들은 동쪽과 북동쪽 방, 딸은 동남쪽과 남쪽 방이 좋다

아들의 공부방은 동쪽, 동남쪽, 북쪽 방위가 좋다. 북쪽은 고3 수험생에게 좋으며 동쪽은 어린 자녀에게 좋다.

- 아들에게 좋은 방은 동쪽이나 북동쪽에 있는 방이 좋다. 동사택일 때는 동쪽(진방)이 좋고, 서사택일 때는 북동쪽(간방)이 좋다.
- 딸에게 좋은 방은 동남쪽(손방)이나 남쪽(이방)에 있는 방을 쓰게 하면 좋다.
- 아들 공부방은 북쪽 벽에 책상을 붙여 북쪽을 향해 앉아 공부하도록 한다. 북쪽에는 북두칠성이 있으며 부동(不動)의 방위로서 모든 것이 기초로 모든 만물이 이 방위를 기점으로 시작한다. 북쪽 방위의 기는 건강과 정신집중이 잘되어 공부방으로는 매우 좋다. 책상을 북쪽 향으로 하고 등 뒤에서 햇빛이 들어온다면 더욱 좋다. 이때 침대는 동남쪽에 두고 남쪽을 향해 잔다. 이는 두뇌회전이 빨라지고 학문에 대한 욕구가 왕성해진다.
- 딸 공부방은 북동쪽에 책상을 놓고 동쪽을 향해 앉도록 한다. 침대는 동남쪽에 두고 동쪽을 향해서 잔다. 창문은 동쪽과 남쪽에 있어야 좋다.

- 아이들 방은 밝고 산뜻한 색상으로 벽지는 화려한 색상보다 차분하게 공부하도록 단순한 푸른 회색계통 쪽이 좋다. 밝은 색상은 아이들이 활발하고 명랑해지지만, 어둡고 침침한 우중충한 색상은 아이들도 우울하고 어두워진다.

- 어린이의 방은 페인트보다 벽지를 사용하는 것이 좋다. 아름다운 풍경이나 동화가 그려진 벽지로 아이의 방을 꾸미면 무한한 상상력과 정서에도 많은 도움이 된다.
- 어린아이들의 방은 동쪽이 제일 좋다. 동쪽의 기가 발육과 발전, 창의성을 촉진시켜 준다. 발육기의 아이들은 남녀 구분 없이 동쪽 방을 쓰면 좋다. 어린이 방을 주택의 중앙에 두는 것은 좋지 않다. 집의 중앙은 거실이나 부부침실을 두는 것이 적합하지 중앙에 어린이 방을 두면 집의 균형이 깨져 주택 운에 영향을 미치며 아이에게도 나쁜 영향을 준다. 어린이 방은 통풍이 잘되는 것은 좋으나 창문이 지나치게 많은 것은 좋지 않다. 창문이 많으면 좋은 생기가 오래 머물러 있지 못하며

방안에 있는 기도 빠져나가 아이의 성장에 좋지 않다.

- 어린이 방에 관상식물이나 화분을 많이 놓아두면 식물이 신선한 좋은 기와 영양분을 빼앗기 때문에 오히려 아이의 성장을 막는다. 작은 화분 1, 2개 정도가 적당하며 선인장이나 장미같이 가시가 있는 식물은 절대 두면 안 된다. 아이들 방은 방문에 그네를 매달지 않는다.
- 아이들 방은 현관에 들어서서 실내를 볼 때 좌측에 위치하는 것이 좋다. 현관 좌측의 공간에는 침착하고 섬세한 방위의 기운이 있으므로 참을성이 없거나 성격이 급한 아이들에게 적당하며, 좌측 방을 사용하면 아이들은 성품이 유순해지며 공부도 잘하게 된다.
- 아이들 방은 부모들이 자신의 취향이나 부모들 멋대로 고급스럽게 유행에 따라 꾸미면 안 된다. 비싼 장난감이나 고급스런 가구를 놓기보다는 자연과 가깝게 지낼 수 있고, 자연의 기를 마음껏 받을 수 있도록 아이들 기질에 맞는 방을 만들어 주는 것이 좋다.
- 공부방은 안정감이 있어야 한다. 그런데 공부방의 모양이 불쑥 나와 있거나 들어가서 요철(凹凸)로 되어 있던지 한쪽으로만 길게 되어 있다

면 불안감을 주어 좋은 생기가 머물지를 못한다. 이런 공부방은 움푹 들어간 곳은 가구 등으로 평면으로 하고 불쑥 돌출된 곳은 관엽 식물을 놓아둔다. 한쪽으로만 길게 된 공부방은 출입문은 막지 말고 가운데에 높은 가구나 칸막이를 설치하여 정사각형의 방으로 만들어 주면 좋다.

- 공부방 창밖으로 옆집의 다른 건물이 각이 지거나 뾰족한 것이 공부방을 향한다면 좋지 않다. 이런 것들이 공부방 가까이 있다면 안정이 되지 않아 집중력이 떨어지고 정신적으로 매우 좋지 않다. 이럴 때는 '**이열치열**'(以熱治熱 : 열은 열로서 다스린다)이라고 '**강한 것에는 강한 것으로 상대한다**' 하여 그 방향을 향하여 삼각형 모양의 뾰족한 물건이나 날카로운 것을 놔서 맞대응을 하거나 그 방향의 앞에 가구나 관엽 식물을 놓아 아예 가려서 보이지 않게 한다.

02 예술가, 판사, 검사, 선생으로 키우고 싶으면 남쪽 방이 좋다

예술가나 판사, 검사, 선생님으로 키우고 싶으면 남쪽 방이 좋다. 이때 침대는 방 한가운데 놓고 남쪽으로 머리를 두고 잔다.

- 컴퓨터 분야로 진출하기를 바라면 동쪽의 방을 아이에게 준다. 동쪽의 공부방은 매우 좋은 방위이다. 이때 여자는 붉은색이나 분홍색으로 남자아이에게는 파란색으로 어느 한 부분을 강조하여 공부방을 만들어 준다. 컴퓨터는 방의 입구 쪽에 두는 것이 좋다. 이때 침대는 동남쪽에 두고, 베개는 동쪽으로 향해 잠을 잔다.
- 장사나 사업가로 되기를 바라면 서쪽 방을 준다. 서쪽은 공부방으로는 바람직하지 않지만 서쪽은 사업 운과 금전 운의 기가 발생하는 방위다. 이 방위는 오후에 강한 햇빛을 잘 조절해야 한다. 이때 침대는 동남쪽에 놓고 동쪽을 향해서 자면 된다.
- 작가나 학자가 되면 좋겠다고 바라면 북쪽에 있는 방을 쓰도록 하면 좋다. 북쪽은 공부방으로는 매우 좋으며 새로운 일이 창출되고 공부에 집중할 수 있고 번영을 누리게 하는 기운이 있다. 이때 침대는 남쪽이나 동남쪽에 놓고 동쪽을 향해서 잔다.

- 학생의 책상이나 의자는 나무제품이 좋고 방안의 가구도 나무로 된 가구가 좋다. 책상은 항상 깨끗이 정리한다.
- 문제 아이 뒤에는 문제 가상(家相)이 있고 늘 문제 부모가 있다.
- 귀문방인 북동쪽과 남쪽, 서쪽이 흉하면 자녀가 말썽을 자주 일으킨다.

- 북동쪽은 모든 것이 끝이고 아울러 새로운 시작이다. 북동쪽은 귀문방 (귀신이 드나드는 방향이라는 뜻)으로 습하거나 불결한 시설이 있다면 좋지 않다. 북동쪽은 집안의 새로운 양기가 솟는 방위이다. 양기는 매사에 적극적인 행동을 의미한다.
- 서쪽 방을 아이들 방으로 정해주면 공부보다 노는 데만 열중하게 된다. 서쪽 창문이 있으면 커튼이나 차광막으로 석양빛을 막아주는 것이 좋다. 서쪽에서 들어오는 직사광선은 정신적인 불안정으로 집중력이 없어 공부에 전념할 수 없다.
- 어느 방위이든 책상을 북쪽을 행해 배치하면 공부가 잘된다. 책상 앞에는 책장이 없는 것이 좋다.

- 공부방이 너무 크면 폐쇄적인 성격으로 외로움을 타거나 대인관계에 자신이 없어 사회적으로 적응력이 낮아진다.
- 공부방의 바닥과 벽은 자연소재가 좋고 양탄자는 깔지 않는 것이 좋다. 벽을 돌로 사용한 공부방은 음(陰)의 기(氣)가 작용해 좋지 않다.
- 커튼이나 카펫 등의 색은 하나로 통일하고 화려한 색이나 무늬보다 녹색이나 베이지색 등 부드러운 색상을 사용한다. 작은 창문이라도 커튼을 꼭 달도록 한다.
- 공부방의 동쪽 방향에 적당한 크기의 창문이 꼭 있어야 한다. 창문을 통해 아침 해의 활기찬 기를 받는다. 그러나 너무 큰 창문은 좋지 않다. 햇빛이 많이 들어오면 양기가 강해져 지나치게 활동적이고 산만해지기 쉽다. 이로 인해 밖으로만 관심을 두고 공부에는 집중하지를 못한다. 이럴 때는 벽지와 커튼을 같은 색상으로 하며 빛을 적절히 가려주

면 도움이 된다. 커튼은 온화하고 부드러운 연한 녹색 등이 좋다.
- 침대를 아이의 방에 둘 때는 공부방의 남동쪽에 두면 활기찬 나무의 기운(木氣)으로 건강과 창의력을 높여주어 좋다. 이때 탁한 나쁜 기는 구석으로 몰리기 때문에 침대는 벽에서 최소한 20~30cm 정도 떨어져야 좋다. 침대가 벽에 붙으면 숙면을 못하여 건강과 운이 나빠진다.
- 컴퓨터는 전자파와 열기 등을 발생하므로 창문 근처에 설치한다.
- 어린 자녀 방이나 수험생 방에는 출입문 부근에 백열등과 같은 은은하고 온화한 작은 스탠드를 켜놓으면 좋다.
- 책상은 공부방에서 매우 중요하다. 책상은 철제(鐵製)보다 사각으로 된 튼튼한 목제(木製)로 만든 것이 좋다. 목제 가구는 금전 운도 좋아지고 안정감을 준다. 나무 결이 살아있는 짙은 갈색 종류의 책상이 좋으며 성장해서도 사용할 수 있는 디자인이 좋다.
- 책상 앞에 어수선한 물건이 있으면 정신집중이 안 된다. 책꽂이는 2단 이상은 두지 않는 것이 좋다.
- 의자는 앉기 편하고 심플한 것으로 녹색이나 갈색 또는 하늘색이 적당하다. 녹색을 사용하면 성격도 좋고 공부도 잘하는 아이가 된다. 성장에 맞춰서 높이를 조정할 수 있는 의자도 좋다.

03 자신의 띠와 맞는 방위에 책상을 배치하자

자신과 맞는 방위에 책상을 놓는다면 다른 방위보다 영향을 많이 받아 집중력이 높아지고 사고력도 깊어져서 좋은 성적을 거두게 되고 건강도 좋아진다.

- 책상을 출입문과 정면으로 배치하면 외부의 기를 직접 받아 건강에 좋지 않다. 책상을 창을 향해 놓거나 문과 가까운 곳에 책상을 놓는 것도 마찬가지로 좋지 않다.
- 출입문을 등지고 책상을 놓는다면 등 뒤쪽에 신경이 쏠려 심리적으로 불안하여 정신집중이 안되고 할 일을 하지 않아 공부의 능률이 오르지 않는다. 창문을 등지고 책상을 배치해도 문과 같은 역할로 역시 좋지 않다.
- 책상은 문에서 멀리 떨어져 벽을 등지고 배치하면 좋다. 자신의 태어난 해의 띠와 맞는 방위에 책상을 배치한다.
    - **쥐띠** : 북쪽
    - **소띠와 호랑이띠** : 북동쪽
    - **토끼띠** : 동쪽

- **용띠와 뱀띠** : 남동쪽
- **말띠** : 남쪽
- **양띠와 원숭이띠** : 남서쪽
- **닭띠** : 서쪽
- **개띠와 돼지띠** : 북서쪽(자신의 공부방에서 북서쪽에 책상을 놓는다).

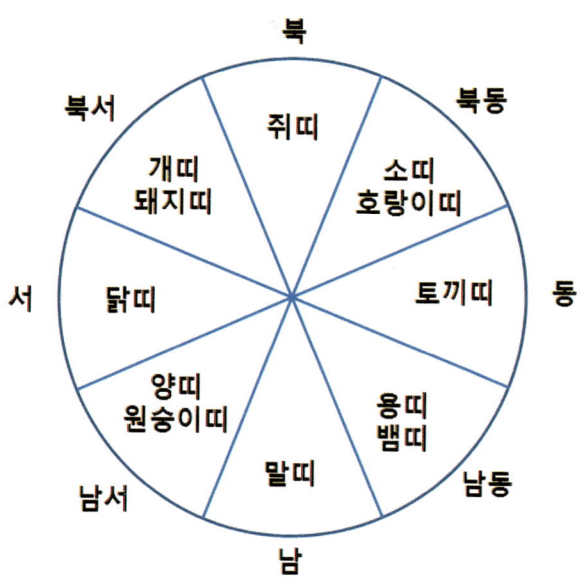

아이들 띠와 맞는 책상 배치

제5장
대문과 현관은 이렇게

❖ 대문을 정하는 방법
❖ 대문은 첫인상을 결정하는 중요한 얼굴
❖ 대문과 현관에서 안방이 곧바로 보이면 좋지 않다
❖ 신발장이 없는 현관은 운기가 좋지 않다
❖ 아이 신발은 중앙에
❖ 현관 정면에는 거울을 두지 않는다
❖ 현관 벽에 그림은 풍경화가 좋다

제5장 대문과 현관은 이렇게

첫 인상이 평생을 좌우하고 주요하듯이 먼저 가상(家相)에서는 대문의 생김이나 방위에 따라 그 집의 길흉이 좌우되므로 대문이 차지하는 비중은 대단히 크다.

개인주택이나 시골은 대문이지만, 아파트나 빌라 등은 현관을 말한다. 집안 모든 귀한 일은 대문과 현관으로부터 이루어진다. 대문은 담보다 높아야 한다.

대문과 현관은 사람의 얼굴과 같다. 첫인상을 결정하는 중요한 구실을 한다. 그래서 대문을 귀격(貴格)으로 본다. 대문과 현관은 집 안과 밖을 구분하는 경계이다. 이곳으로 사람도 드나들고, 바람도 향기도 악취도 행운도 액운도 재운도 성공도 찾아서 드나드는 곳이 대문과 현관이다.

또 관운과 명예 지위도 가져온다. 대문과 현관의 규모나 크기도 집과 어울려야 하지만 대문과 현관의 방향도 아주 중요하다. 대문이 동쪽, 남쪽, 남동쪽으로 많이 낸 것은 8방위 중에서 대체로 길한 방위로 알려졌기 때문이다.

집의 전체 운을 지배하며 집의 첫인상을 좌우하는 현관은 행운의 출입구로서 집 전체의 기운을 결정할 만큼 중요한 위치를 차지한다. 예부터 귀문 방위에 위치한 현관이 지저분하고 집기들이 너무 많으면 집안에 흉기가 들어와 가족들이 해를 입을 수 있다고 했다. 집안에 어려운 일이 있거나 진로 등에 문제가 있다면 현관을 더욱 깨끗이 정리하고 무겁고 큰 장식물들은 다른 곳으로 치워 놓는 것이 좋다.

현관의 위치를 방향으로 본다면,
동쪽방향 : 빛이 들어오면 한층 운기가 강화되어 활력을 부른다.
서쪽방향 : 문의 위치에 따

라 운과 흉기가 좌우되므로 문의 위치부터 체크해야 된다.

남쪽방향 : 거주자의 프라이드가 높아진다.

북쪽방향 : 교제는 이상적이나 원기 부족의 경향이 있다.

동북쪽방향 : 북쪽 도로에 면한 단층 건물인 경우에는 문제가 없다.

동남쪽방향 : 집의 형상으로 볼 때 최고이다.

남서쪽방향 : 남성을 멀리하게 하는 기운이 있다.

북서쪽방향 : 남성 중심의 가정으로 되기 쉽다.

01 대문을 정하는 방법

먼저 집안의 중심에서 안방 위치를 가늠하여 그에 맞게 대문 위치를 정한다. 동사택인 남향집이 대문을 낼 수 있는 방향은 남쪽, 동쪽, 남동쪽, 북쪽이다.

서사택은 남서쪽, 북서쪽, 북동쪽, 서쪽으로 대문을 내야 된다. 다만 서사택일 경우 주의할 것은 대문을 내는 방향 중에 북동쪽인 간방(艮方)과 남서쪽인 곤방(坤方), 이 두 방위는 귀문(鬼門 : 귀신이 출입하는 문)이라서 양택 풍수에서는 매우 꺼리는 방위이다. 원래 귀문방으로

제5장 대문과 현관은 이렇게

는 대문, 안방, 화기가 있는 부엌, 냄새나는 화장실 등이 있으면 흉하다.

▌남향집에 북동, 북, 남서쪽 대문[현관]은 흉상이다

이런 방향의 대문이나 현관은 가족들의 건강도 좋지 않으며 사업도 실패가 계속된다. 이런 집은 실내 가구의 색상을 흰색이나 베이지색 계통의 화사하며 밝고 깨끗한 느낌을 주는 것으로 선택한다. 벽지와 커튼도 옅은 회색이나 연한 녹색의 무늬를 사용한다.

▌남향집에 북동쪽 대문[현관]은 흉한 기운이 집안을 감돈다

북동쪽은 귀문방위라 하여 주의를 필요로 한다. 이 방향은 가족들의 발전을 막고 건강에도 지장을 주고 심리적으로 불안정하고 변태의 기운을 일으킨다. 또 가족들이 불의의 사고나 재난, 비명횡사, 사업실패,

학업성적 부진, 입시실패, 실직 등의 액운이 따른다. 관재구설에 오르고 도둑이 침입하고 집안의 명예를 훼손시키는 방탕아가 나올 수도 있다.

▎남향집에 북쪽방위 대문[현관]도 좋지 않다

이런 집은 자녀들이 어릴 때는 잔병이 많고 잘 다치며 집안이 차차 기울어진다.

▎남향집에 남서쪽 방위 대문[현관]은 많은 어려움이 따른다

이 방향도 귀문방위로 말년에 후손이 없어 고독하고 관재구설, 소송, 사기에 휘말릴 수 있다. 이런 집은 동쪽 방위에 신경을 써야 한다.

동쪽의 창문을 늘 깨끗하게 닦아두며 동쪽에 작은 정원수를 심거나 작은 화분을 놓아둔다. 또는 동쪽 벽에 밝고 신선한 전원 그림이나 나무들이 많은 숲의 배경 그림을 걸어 놓는다. 이때 동쪽에 있는 각 방들의 조명을 밝게 해둔다.

▌남향집의 남동쪽 대문(현관)은 매우 좋다

이런 집은 강력한 생기(生氣)가 집안으로 들어오면서 왕성한 활기와 추진력으로 부귀영화를 누리고 건강과 대인관계도 좋아 사회적으로 존경도 받고 사업운도 대단히 좋다.

▌남향집의 남쪽 대문(현관)은 주부가 건강을 잃는다

이런 주택은 화재가 발생할 수도 있고 주부가 건강을 잃어 갑상선 질환이나 신경쇠약, 안질, 심장병에 걸릴 수도 있다. 가족들도 심장질환과 고혈압, 불면증, 신경쇠약 등으로 병원을 자주 찾게 된다.

이런 집은 불의 기운을 다스리는 물을 가장 많이 사용하는 부엌을 동쪽이나 남동쪽으로 한다.

또 동쪽과 남동쪽에 창문을 내거나 이 방위에 숲이나 나무의 그림을 걸어 둔다. 만약 부엌 위치나 창문을 새로 내거나 바꾸기가 어려우면 전자레인지나 싱크대 위치를 동쪽이나 동남쪽으로 옮기도록 한다.

▍남향집의 동쪽 대문[현관]은 초반에는 괜찮다

이런 집은 초반 처음 10년은 좋지만 차차 세월이 갈수록 사업운도 정체되고 자녀들도 부모에게 순종하지 않는다. 또 직장에서 고집을 꺾지 않기 때문에 의견충돌이 많아 자주 옮기게 되며 건강에도 신경을 써야 한다.

▍동향집에 북동쪽 대문[현관]은 매우 좋다

이런 주택은 부부건강하고 화목하며 자녀도 효성이 깊고 사업도 번창하여 큰 부자가 된다. 이런 곳에서는 미남미녀가 탄생하며 건강, 발전, 진로, 승진 등 돈과 명성으로 행운을 가져다주는 길상 주택이다. 이때 남쪽 방위에 작고 예쁜 창문을 내거나 남쪽 방위에 밝은 전등을 설치하여 남쪽 방위의 화기(火氣)로 북동쪽 대문의 흉한 성질을 제거하는 것이 좋다.

▍동향집의 남쪽 대문[현관]은 자녀들이 불의의 사고로 다칠 수도 있다

이런 집에서 오래 살면 자녀들이 불의의 사고로 다칠 수도 있으며, 부부 사이도 좋지 않아 남편이나 부인이 외도로 가정을 등한시할 수도 있다.

또 문서상 사기나 손해, 재산분쟁, 관재 구설수로 집안이 망신당할 수고 있고, 도박으로 재산을 탕진할 수도 있다. 이런 집은 대문의 색상을 짙은 회색이나 감색으로 꾸미고 집안의 가구와 소파나 책상을 나무 본래의 색깔이 살아있는 황토색이나 밝은 갈색 종류로 선택하는 것이 좋다.

벽지 또한 베이지색이나 흰색 계열로 하고 커튼도 밝은 노란색이나 흰색 색상으로 장식한다.

▌동향집에 남동쪽 대문[현관]은 좋지 않다

이런 주택은 모든 일이 잘 안 풀려 불화가 심해지거나 자식을 얻기가 힘들어지고 건강이 나빠진다. 또 여자들 간의 갈등으로 고부간, 모녀 사이, 자매 사이 갈등이 심해진다. 특히 건강상으로 뇌질환, 뇌졸중, 골다공증, 신경통, 관절

염, 근육통, 노인성 치매에 걸릴 확률도 많다.

이런 집은 동쪽과 남동쪽에 관상수를 심거나 화분을 동쪽 창에 놓아 꽃과 나무를 배치한다. 또 잎이 무성한 관엽수를 놓고 벽지나 소파, 가구, 커튼을 하늘색과 회색 계열로 선택하면 좋다.

02 대문은 첫인상을 결정하는 중요한 얼굴

대문은 첫인상을 결정하는 중요한 얼굴이며 귀격으로 아주 중요하게 본다.

- 대문[현관]을 거쳐 좋은 기가 집안으로 들어온다. 대문은 사람은 물론 바람도 향기도 행운도 액운도 재운도 성공도 명예지위도 찾아서 들어오고 나가는 곳이다.
- 대문의 길흉이 주택의 길흉과 연결된다.
- 집과 대문은 균형을 이뤄야 한다.
- 집에 비해서 너무 큰 대문은 낭비가 심하고 속빈 강정으로 허상으로 흉하다. 반면 대문이 너무 작거나 허술해도 빈궁함을 면할 수 없어 좋지 않다. 집의 규모에 비해 크지도 작지도 않고 잘 어울려야 한다.
- 대문이 지나치게 크면 기(氣)의 통로가 너무 넓어 기(氣)가 흐트러진다. 대문이 지나치게 웅장하거나 왜소하면 집안에 질병이 끊이지 않고 가세가 기운다.
- 대문은 청결하여 깨끗해야 한다. 대문 색깔은 밝게 하는 것이 좋다.
- 대문이 없는 집은 거센 기가 거침없이 들어와 기가 산만해져, 가족

간에 가정불화로 큰소리가 많이 나고, 좋은 기가 머무르지 못해 뜻밖에 사고를 당하기 쉽다.
- 대문 위에 도둑의 침입을 방지하려 유리조각이나 뾰족한 가시철망을 설치하는 것은 정신적 안정을 해치므로 매우 좋지 않다.
- 대문이 대지 안으로 들어와 있거나 대문이 오목하게 들어가면 흉가로 될 수도 있다. 대문을 등나무와 같은 넝쿨이 씌워져 있거나 등나무 등으로 길게 터널같이 만들면 불운이 온다.
- 대문 입구에 화장실이 있으면 좋지 않다.
- 대문의 방향도 아주 중요하다. 대문 출입문은 동쪽, 남쪽, 남동쪽이 8방위 중 대체로 길한 방위이다. 대문의 방향이나 생김에 따라 행운이 들어오는 양이 달라진다.
- 행운의 기(氣)는 많이 들어올수록 좋다. 좋은 기가 집안에 가득하면 가족이 건강하고 화목하며 사업이 발전한다.
- 대문과 현관은 평행하기보다는 약간의 각도를 이루도록 한다. 현관문을 열었을 때 맞은편 벽이 너무 가깝게 있어도 운이 막힌다.
- 현관을 들어섰을 때 좁은 복도가 이어지면 밤에 숙면을 취하기 어렵고 만성피로 증세를 부른다. 또한 모든 일에 집중이 안 되어 마음이 불안하며 실수를 초래하고 출세와도 인연이 멀며 학생은 성적이 떨어진다. 이런 집은 현관이 넓은 집으로 이사하는 것이 좋지만, 차선책으로 현관의 조명을 항상 밝게 켜두고 창을 자주 열고 부엌의 환풍기를 돌려

탁한 기를 내보낸다.
- 대문에서 현관까지의 통로가 직선이 아닌 구부러진 것이 좋다. 직선이면 외부의 사나운 기운이 일직선으로 들이닥쳐 매우 흉상이다.
- 정면의 현관은 하나만 있어야 한다. 정면 현관이 두 개인 집은 믿을 수 없거나 잔소리가 심하다. 하나의 얼굴에 입이 두 개 있는 것처럼 취급된다. 집에 현관이 두 개가 나란히 있다면 가족 간에 의견충돌이 많고 두 집 살림할 운이다. 부부 사이도 나빠지고 자녀들은 부모와 의견대립으로 신경질적으로 반항하게 된다. 이런 집은 두 개의 문 중 하나를 폐쇄하여 사용하지 않는 것이 좋다. 한 지붕 밑에 현관이 두 개 있어도 집안의 구조가 각각 독립적으로 구분되어 있다면 이는 현관을 두 개로 보지 않는다. 그러나 대형서점, 호텔, 백화점, 극장같이 자동문이나 회전문이 있고 양옆에 일반적인 출입문이 있는 상업적인 건물에서는 좋다. 외부의 활발한 기운을 안으로 끌어다 주기 때문에 많은 사람들이 오고가서 사업도 잘되고 번창한다.
- 두 집의 현관이나 문이 마주보면 한 집안이 쇠퇴하므로 마주보아서는 좋지 않다.
- 대문이나 현관에서 뒷문의 문 입구가 훤히 보이는 것은 좋지 않다. 기가 직선으로 바로 지나쳐 가버린다. 이런 집은 입구의 문과 뒷문과의 사이에 커튼이나 책장으로 막아준다.

03 대문과 현관에서 안방이 곧바로 보이면 좋지 않다

대문에서 안방이 곧바로 보이면 좋지 않다. 집주인이 바람난다. 현관은 기(氣)가 내부로 들어오게 하는 통로 역할을 한다.

- 현관은 사람과 함께 운기가 드나드는 출입문이다. 그 집의 에너지는 현관과 밀접한 관계가 있다.
- 현관은 항상 깨끗해야 행운과 재운이 찾아온다.
- 현관은 기(氣)가 드나드는 곳이라 하여 기구(氣口)라고도 한다. 그래서 현관은 기가 많은 곳에 위치해야 한다.
- 현관의 위치는 주택의 중심 측인 건물 중심에 설치하면 가장 이상적이다. 부득이한 경우 약간 벗어나도 무방하나 건물 끝 부분이나 모서리에 설치하면 안 된다.
- 귀문방[북동쪽, 남서쪽]에는 출입문을 절대로 내서는 안 된다. 만약 어쩔 수 없다면 출입문의 방위를 길한 쪽으로 돌려준다.
- 유일한 기의 통로를 막으면 승진이나 진로 관계와 금전적인 기회가 줄어든다. 바람은 그 집의 기운과 재물에 영향을 준다.
- 현관문은 안쪽으로 여는 것이 좋다. 문이 안쪽으로 열리면 바람[氣]도

문의 열림과 동시에 주택 내부로 들어온다. 그러나 대부분의 현관문은 내부가 좁아져 불편하기 때문에 밖으로 열도록 되어 있다.

- 현관은 문을 열면 아침햇살이 가득 들어와 해맑은 밝은 느낌의 행운을 불러오면 좋다.
- 현관문 폭이 좁거나 삐꺽거려 여닫이가 어려운 집은 운기가 좋지 않다.
- 현관문이 목제이면 매일 걸레로 깨끗이 닦아 청소를 한다.
- 현관문 손잡이를 늘 새것처럼 닦는다. 천으로 감싸거나 악세 사리를 다는 것은 좋지 않다.
- 문은 엷은 녹색 페인트로 칠하거나 신발장 위에 녹색 천을 깔고 그 위에 장식품을 단다.
- 현관에 짐승의 박제나 봉제인형을 두는 것은 운기가 좋지 않다.
- 어두운 현관은 절대 안 된다. 현관은 밝은 이미지를 주어야한다. 현관이 좁거나 해가 들어오지 않아 어둡다면 조명에 신경을 쓴다. 외등은 매일 켜고 현관 천정의 중앙에 밝은 조명을 달면 운기가 달라진다.

현관문을 열 때 자동으로 불이 켜지는 전등이 있는 집이 좋다.
- 행운이 도망가고 운이 없다고 생각되면 현관에 새로운 조명을 달면 운세가 좋아진다.
- 현관은 가능한 넓게 잡는 것이 좋다.
- 현관 안에 구두나 자전거, 골프백, 장난감 등이 어지럽게 널려 있으면 행운이 집으로 들어오기 어렵다.
- 현관의 바깥쪽에 도자기 우산꽂이를 두면 국제적 감각으로 인간관계가 좋아진다.
- 도자기 그림에 용의 그림이나 산수화 그림은 행운을 부른다.
- 현관에 들어온 행운의 기는 곧 마루를 지나 거실이나 부엌 욕실까지 들어온다. 또는 침실이나 화장실까지 문을 통해 들어오므로 방이나 복도도 깨끗이 해두어야 한다.
- 현관이 베란다 창이나 방문과 일직선이면 현관을 통해 들어온 좋은 기가 집안에 머무르지 않고 창을 통해 바로 빠져버리므로 좋지 않다. 이렇게 설계된 집은 모든 일이 뜻대로 잘 안되며 들어온 재물운도 빠져나간다. 기(氣) 에너지는 곡선인 S자형으로 흐르는 성질을 가지고 있다. 이런 집은 현관과 방문이 일직선이 되지 않도록 한쪽 창을 폐쇄하여 벽으로 만들던지 창문 앞에 병풍이나 두꺼운 커튼, 또는 블라인드를 항상 쳐둔다. 이때 병풍은 밝은 색의 병풍을 친다.

- 검은색 종류의 병풍은 음기를 상징한 색으로 흉기를 내뿜어 생기를 방해한다. 병풍을 칠 자리가 없다면 조금 큰 관엽 식물을 놓을 수도 있으나 병풍보다는 효과가 떨어진다.
- 현관과 엘리베이터가 마주보고 있으면 들어오는 좋은 기운을 바로 되돌려 나가게 한다. 이런 집은 가족 간에 말다툼이 많고 병이나 사고 또는 이웃과 다툼이 있다. 이런 경우에는 집 현관 방향을 바꾸는 것이 최선의 방법이지만, 쉽지 않을 때는 현관 바깥쪽에 흉기를 없애주는 관엽 식물이나 꽃을 항시 놓아둔다.
- 현관 바닥은 흰 타일이 좋다. 현관의 매트는 밝은 꽃무늬가 좋다. 화려한 것은 괜찮지만, 너무 비싼 현관 매트를 쓰면 도둑이 들거나 싫은 손님이 늘어난다.
- 개나 고양이를 기르는 것도 좋지 않다.

- 현관의 방위는 그 집의 행운에도 큰 영향을 끼친다. 나쁜 방위의 현관은 귀신이 드나든다고 한다. 이때 흰 꽃을 꽂아 두면 액운을 막을 수 있다. 또는 초원이나 전원 풍경의 그림을 걸어두면 효과적이다.
- 북쪽으로 되어 있는 현관은 밝은 꽃그림을 걸고 남쪽에 있는 현관은 관엽 식물을 둔다.
- 북쪽 현관은 여성의 구두보다 남편이나 남성의 구두

를 많이 내놓는다.
- 현관에는 꽃을 장식해 두면 행운을 부른다. 이때 꽃이나 꽃꽂이는 깨끗하고 예쁘게 한다.
- 현관의 문패는 목제로 하고 이름은 세로로 쓴다.
- 현관 안과 밖에는 물을 뿌리지 않는다.
- 금붕어나 열대어는 현관에서 기르는 것은 좋지 않다. 열대어는 방의 동쪽이나 동남쪽에 두고 수초 청소를 자주 해 준다.
- 현관문에는 작은 방울 종을 단다. 밝은 종소리가 나면 좋은 기운이 들어온다. 벨이나 인터폰 소리는 크게 들리도록 한다.

04 신발장이 없는 현관은 운기가 좋지 않다

도둑들은 현관에 있는 신발을 보고 들어갈 것인지 아닌지를 결정한다. 한쪽은 바닥에 엎어지고 한쪽은 마루에 떨어져 있는 무질서한 이런 집안이 표적이 된다. 질서의식이 엉망인 집안은 귀중품을 간수하는 것조차 허술하다는 것이 집 털이 전문가들의 말이다.

- 신발장이 없는 현관은 운기가 좋지 않다. 신발장은 현관과 밸런스를 맞추어야 한다.
- 신발장 위에 꽃을 꽂아두면 밖에서 들어온 좋은 기운이 상승하여 행복과 행운을 부른다.
- 문 옆벽에는 핑크 빛깔의 꽃이 피는 화분 등이 좋다.
- 꽃병은 반드시 레이스 깔개를 깔아 주어야 운이 트인다.
- 계절 따라 맞는 꽃을 예쁘게 꽂아 둔

집은 반드시 행운을 부른다.
- 흰 꽃은 금전 운, 노란 꽃은 연애 운, 분홍(핑크)꽃은 원만한 인간관계를 만들어 준다. 단, 짙은 향기의 꽃은 피한다.
- 조화는 감동스럽거나 행운을 부르지는 않는다.
- 신발장과 벽장이 한 세트가 되도록 맞추는 사람도 있는데 일부는 서랍식이 된 것이 좋다.
- 신발장 안쪽에 거울이 붙어 있으면 더 좋다. 어둠 속에 빛을 창출해 탁한 기운을 풀어 준다.
- 신발장은 크다싶을 정도가 좋고 안은 깨끗이 한다.
- 신발장은 개방식이 아닌 문이 달린 것을 사용하여 열고 닫고 해야 한다.
- 천정까지 닿는 신발장은 피한다. 큰 신발장은 운기에는 매우 길하나 겉치레인 듯 보인다.
- 아파트의 붙박이 신발장은 계절마다 정리해 바꾸어 넣어둔다.
- 정리할 때는 밝고 맑은 색상은 위에, 어두운 색상은 아래에 넣는다. 그래야 좋은

제5장 대문과 현관은 이렇게

기운이 안정되게 들어온다.
- 신발장 겉이 유리같이 반질한 것은 좋지 않다.
- 신발장의 소재는 목제로서 나무결이 있는 것이 좋다.
- 현관이 좁아 신발을 세워 놓을 때는 그 위에 도자기로 된 장식품을 두면 좋다.
- 슬리퍼는 녹색이 좋으며 신발이나 슬리퍼를 내팽개쳐 두면 좋지 않다.
- 현관에 들어와서 오른쪽에 신발장이 있으면, 그 위에 좋아하는 그림이나 자필의 글씨 등을 걸어두면 좋다. 오른쪽에는 위상을 높이는 에너지가 있기 때문이다. 오른쪽에 걸 때가 없으면 정면에 건다.
- 현관 안 좋은 방향에는 구두 외에 다른 것을 두면 좋지 않다.
- 집안에 생기를 불어넣어 주는 것이 식물이다. 현관 신발장 주위에 식물을 놓아두면 밖에서 들어오는 기운이 힘을 얻는다.

05 아이 신발은 중앙에

영업을 잘하려면 같은 메이커, 같은 스타일의 구두로 세 켤레 가지고 번갈아 신는다. 만약 운이 없다 느꼈을 때 이 세 켤레를 모두 현관에 내놓는다.

- 구두 주걱이 없는 집은 손님이 없고 큰 행운이 오지 않는다.
- 신발은 신발장에 가지런히 정리하고 늘어놓지 않는다.
- 신발장 안에는 구두를 아무렇게나 넣어서 발 냄새가 심하게 나면 나쁘다. 그러나 악취가 난다고 해서 냄새가 강한 방취제를 쓰면 인간관계가 나빠진다.
- 구두는 4계절(봄, 여름, 가을, 겨울)마다 반드시 바꾸어 신는다.
- 신지 않는 구두는 과감히 버리거나 다른 장소에 잘 보관한다.
- 샌들은 가능한 현관에 내놓지 않는 것이 좋다. 샌들이나 슬리퍼 등 가벼운 신발과 유행하는 신발

이나 새 신발은 위 칸 쪽에 넣는다.
- 여성의 신발은 위 칸에 남성의 신발은 아래 칸에 넣는다.
- 아이들 신발은 제일 위쪽에, 할아버지나 할머니 신발은 제일 아래 칸에, 부모 신발은 할아버지, 할머니의 신발보다 위쪽에 놓는다.
- 현관에는 구두를 항상 깨끗하게 정리정돈하며 잔뜩 꺼내어 놓지 않는다.
- 운이 들어오는 통로인 현관에서 안 신는 신발이나 신문과 우산 꾸러미를 치운다.
- 아이 신발은 항상 중앙에 두어 보호한다.

06 현관 정면에는 거울을 두지 않는다

현관에는 그림이나 꽃 이외에 거울을 걸되, 문(門)의 정면에 걸면 좋지 않다. 현관문을 열었을 때 정면의 거울은 밖에서 들어오는 복과 행운을 반사시켜 나가게 한다.

- 거울은 출세 운과 교제 운에 효과를 보려면 오른쪽에, 금전 운은 왼쪽에 걸어둔다. 현관에 들어섰을 때 왼쪽에 거울이 있는 집은 돈은 풍족해도 구두쇠가 된다. 오른쪽에 거울이 있는 집은 명성이나 지위가 상승되며 인간관계가 좋아진다.
- 현관에 오른쪽[들어가면서]은 거울, 왼쪽에는 가족사진, 정면에는 관엽 식물을 둔다.
- 전신을 볼 수 있는 큰 거울은 좋지 않다. 큰 거울은 다른 사람과 다툼이 생긴다. 큰 거울을 어쩔 수 없으면 관엽 식물이나 장식품 등을 놓아 거울 면을 1/3 이상 가려준다.
- 거울은 문제점들을 보안해 주는 역할도 한다. 외부의 나쁜 기(氣)를 강력하게 되돌려 주는 역할과 내부의 기를 보호하는 역할을 한다. 또 답답한 느낌을 주는 좁은 실내에 기의 흐름을 촉진하고 밝은 분위기를

연출한다.
- 거울은 금기가 많아서 남용하면 안 된다. 풍수학에서는 거울의 용도를 주로 흉기를 반사하는데 사용한다. 그래서 거울 면이 사람이 있는 쪽을 향하거나 좋은 길방을 향해서 걸어두면 아니 된다. 거울을 흉기가 오는 방향을 향해 걸어두어 다가오는 흉기를 반사시켜 해를 미연에 방지하는 역할을 한다.
- 거울이 현관이나 방문과 마주보고 있어도 좋지 않다. 거울이 침대의 머리맡 부분을 비추면 대흉상으로 본다. 또 거울이 가스레인지를 비추고 있으면 가족 중에서 질병에 걸릴 수도 있다. 이런 경우에는 서둘러 거울의 방향을 바꾸어 놓아야 한다. 풍수 인테리어는 흉(凶)을 길(吉)로 바꿔 집안을 살려 사람의 정신적인 심리를 편안하게 안정시켜 건강하고 행복이 넘쳐 즐겁게 생활하도록 하는 것이다.
- 거울은 반드시 가장자리에 테두리가 있는 것으로 걸어둔다. 유리만 있으면 들어오는 행운을 걷어차는 격이다.
- 거울은 지문이나 먼지 등으로 더럽혀지지 않게 항상 깨끗이 닦는다.
- 거울은 신발장과 반대편에 걸어둔다.

결점을 보완할 때	좋은 생기로 전환하는 소품
오행(五行) 색상으로 행운	옷, 소지품, 가구, 벽지 등
빛, 공간 활용, 어두움	거울, 조명 전등, 수정구슬 등
흉기(凶氣)를 약화, 흐트러트림	작은 종, 풍경, 바람개비, 모빌 등
주택 거주자에 생기를 북돋음	나무, 화분, 꽃, 어항, 분수 등
건물의 불균형 보조 역할	조각상, 정원석 등
화면이나 소리로 기를 활성	TV, 오디오, 컴퓨터, 에어컨 등

07 현관 벽에 그림은 풍경화가 좋다

현관 벽에 알맞은 크기의 풍경화 그림을 걸어두면 좋다. 자신이 좋아하는 풍경으로 산이 좋으면 산 그림, 바다가 좋으면 바다그림을 걸고 꽃 그림은 좋은 인연을 만난다.

- 정면에 인물화를 걸어두면 인간관계가 나빠진다.
- 현관 정면의 장식물은 조명이 비치도록 한다.
- 대나무로 된 장식품을 두면 좋다. 불상 등 종교관계의 것은 좋지 않다.
- 장식품은 목제로 된 것을 신발장 위에 둔다.
- 골프용품이나 레저용품은 현관에 두면 좋지 않다. 특히 사업하는 사람은 사업 운이 나빠진다.
- 자전거나 삼륜차 등을 현관 안에 두면 현관을 좁게 쓰게 돼 큰 행운이 오지 않는다. 하루에 한 번 반드시 밖에 내놓아 현관을 넓게 해준다.
- 선전하는 포스터는 좋지 않다.
- 그림은 현관 크기에 맞게 단다. 너무 큰 그림은 겉치레가 심한 집이 되고, 작은 그림은 소극적이 된다.

- 비싼 그림이나 반대로 초라한 그림과 싸구려 그림은 걸지 않는다.
- 먼지가 쌓인 그림을 걸어두면 가출하는 사람이 생긴다.
- 그림은 20호를 기준으로 하여 큰 것은 양, 그 이하는 음으로 분류한다. 또 그림 종류에 따라 양과 음으로 분류된다.
  - 양(陽) : 푸른 하늘, 태양, 산, 초원, 봄이나 여름 풍경화, 남성, 자동차, 기차, 바다, 색이 밝은 그림 등
  - 음(陰) : 밤, 먹구름, 달, 강, 물, 가을이나 겨울 풍경화, 여성, 실내 그림, 종교화, 교회, 색이 어두운 그림 등

- 모양과 색상으로 분류되는 음과 양
    - **양**(陽) : 직선의 남성적, 붉은색, 노란색, 적자색, 난색계열의 색상, 밝은 방, 환한 빛, 단단한 것, 뾰족한 것 등
    - **음**(陰) : 부드러운 원만한 선의 여성적, 녹색, 청색, 회색, 푸른 자주빛, 한색 계열의 색상, 어두운 방, 어두운 조명, 간접 조명, 부드러운 것, 움푹 들어간 것 등

태어난 해의 띠로 살펴본 행운의 색상

태어난 띠별	운이 좋아지는 색상
쥐띠	녹색, 흰색, 빨간색, 회색, 검정색
소, 호랑이띠	빨간색, 노란색, 흰색, 체크무늬, 황갈색
토끼띠	빨간색, 흰색, 청색, 자주색
용띠, 뱀띠	녹색, 흰색, 빨간색, 베이지색, 오랜지색
말띠	녹색, 흰색, 베이지색, 빨간색
양, 원숭이띠	녹색, 흰색, 노란색, 검정색, 회색
닭띠	빨간색, 노란색, 흰색, 분홍색
개띠, 돼지띠	흰색, 노란색, 줄무늬, 베이지색

제6장
거실은 이렇게 꾸미자

❖ 거실은 밝아야 금전 운이 좋다
❖ 운을 부르는 색을 쓰자
❖ 소파가 출입문을 정면으로 바라보지 않는다.
　- 소파와 현관이 대각선을 이루는 것이 좋다.
　- 소파는 동쪽과 남쪽을 보며 서쪽에 둔다
❖ 목제로 된 나무 테이블이 좋다
❖ 꽃병은 도자기가 더 좋다
❖ 거실에는 겹 커튼을 달면 좋지 않다
❖ 산수화나 꽃그림은 가족의 행복, 포스터는 좋지 않다
❖ 융단은 계절마다 바꿔주고, 중앙엔 미니 카펫 정도가 좋다
❖ 가전제품은 동쪽에 배치한다
❖ 거실에 수조를 두는 것 자체가 좋지 않다
❖ 거실엔 관엽 식물을, 천정까지 닿는 무성한 화분은 좋지 않다
❖ 관엽 식물 화분의 배치를 알아보자
❖ 거실에는 밝고 둥근 형태의 조명이 좋다
❖ 조명기구로 빠져나가는 기를 붙잡는다

제6장 거실은 이렇게 꾸미자

오늘날 거실은 예전에 사람들이 모여 앉아 이야기를 나누던 사랑방이었다. 오늘날에 그 개념과 용도가 바뀌었다. 가족 모두가 편리하게 즐겁고 자유스럽게 편한 마음으로 이용할 수 있는 공간으로 만들었다.

그로인해 가능한 가족 전체의 공통분모를 찾아 가족 공동의 기(氣)가 형성되도록 활용해야 한다. 가족이 많은데 거실이 너무 좁거나 적은 가족에 비해 너무 넓은 거실은 가족의 화목을 방해하는 흉한 기를 부른다.

대문이나 현관을 통해 외부에서 들어오는 보이지 않는 자연의 기가 주택 내부에 잠재해 있는 기와 거주하는 사람들의 기

(氣)를 교류하면서 강한 생기를 이루도록 기운을 집중시키고 그 주거 공간에 어울리는 기(氣)로 환원하는데 꼭 필요한 장소가 바로 거실이라고 볼 수 있다.

거실은 밝아야 금전 운이 좋다. 이상적인 거실은 집의 가장 중심적인 공간이나 활동이 편리한 공간으로 주택 내부의 중심축에 넓게 자리 잡고 천정도 높은 것이 좋다.

거실의 천정은 중심 부분이 높고 좌우가 낮은 피라미드 형태의 천정을 만들어 기운이 외부로 빠지는 것을 예방해야 한다. 거실은 안방보다 중심에 있어 주택의 기운이 가장 많이 모여 있는 곳이다. 거실이 중심에 있지 않고 좌측이나 우측으로 치우쳐 있는 경우에는 주택 내부의 기운이 중심을 잡지 못해 불안한 주택이 된다.

이로 인해 집안의 기운이 분산되어 집안이 안정되지 못하고 혼란스러워 식구들끼리 서로 화합하지 못하

고 건강을 잃게 되며, 경제적으로 손실을 보게 된다. 거실이 너무 화려하여 방문자가 위축되거나 거부감을 일으키지 않도록 배려한다. 가능한 그 집의 가장(家長)을 중심으로 가장 수입에 비해 다소 검소하게 꾸미는 것이 좋다.

01 거실은 밝아야 금전 운이 좋다

거실에 푸른 산(山) 그림을 걸어두면 금전 운이 트인다.
안방은 약간 어둡고 거실은 밝아야 금전 운이 좋다.

- 거실은 밝아야 되며 가구도 환한 것을 쓰는 것이 좋다.
- 거실이 어두워지면 음기가 강해져 밝은 화제가 없고 생기가 부족한 어두운 집이 되기 쉽다. 이런 때는 양기 방위의 힘을 갖는 표면이 반짝반짝 빛나는 가구를 거실에 두면 좋다.
- 거실이 어두우면 양의 기운인 목제 가구를 둔다. 거실은 집의 중심이므로 음양의 균형을 맞추는 것이 좋다. 어둡다면 꽃이나 산 그림을 배치한다든지 목제가구나 붉은 색 소품으로 따스함을 더해 준다.
- 거실의 양쪽으로 창문이 있으면 맞바람이 통하여 생기가 머물 여유

제6장 거실은 이렇게 꾸미자

가 없어 좋지 않다. 이런 집은 한쪽 창문을 이동식 칸막이나 블라인드를 사용하거나 커튼으로 막아주는 것이 좋다.

- 거실이나 침실의 천정은 요철(凹凸 - 들어가거나 튀어나온 곳)이 없이 평탄해야 한다. 대들보가 밖으로 나와 있으면 남에게 손가락질을 당할 수도 있으며 매우 나쁘다. 이런 것이 침대 머리 위에 있다면 두통과 어지럼증으로 고생하며 악몽에 시달린다. 미혼여성은 결혼의 기회를 놓치고 기혼자는 임신이 어려우며 유산을 할 수도 있으므로 각별히 주의해야 한다. 이런 곳은 침대의 위치를 이동하거나 대들보가 튀어 나온 부분까지 천정 높이를 맞추어 천정을 다시 만든다.

- 거실에는 수납을 위한 공간으로서 예쁘게 차려놓은 식기찬장, 캐비닛 등이 있다. 이런 가구는 반드시 북쪽이나 서쪽에 두고 남쪽과 동쪽을 향하게 해야 한다.

- 책이나 잡지 등을 보란 듯이 늘어놓은 사람은 당장 정리하도록 한다.

경박하고 허울 좋은 사람으로 보이기 쉽다. 종이에는 나무(木)의 기가 있어서 오래된 잡지나 신문을 거실에 계속 방치해 두면 사업 운이 없어진다. 신문이나 잡지는 필요한 정보만 남겨두고 바로 정리하는 것이 좋다. 꼭 모아두어야 할 경우에는 눈에 잘 보이지 않는 곳에 정리하여 보관한다.

- 사이드테이블이나 식기 찬장 위에 자신이나 가족의 사진을 놓아두면 가족이 그 집에 함께 생활하기 어렵게 된다. 아이가 일찍 집을 나가버리거나 싸워 헤어지는 경우가 있기 때문에 속히 치워야 한다. 단 큰 것, 작은 것 해서 3장 이상 있으면 문제가 없다.
- 여러 사람과 폼을 잡고 악수하는 사진을 소중하게 꾸며 놓은 집은 행복해질 수 없다.
- 선물 받은 장식품이나 인형 등을 아무렇게나 늘어놓은 집은 좋지 않다. 특히 동물 박제 따위는 매우 좋지 않다. 이는 건강 운도 금전 운도 재운도 사업운도 떨어뜨리게 한다. 거실에 장식품과 액세서리가 많으면 기의 흐름이 원활하지 않아 될 수 있는 한 줄이는 것이 좋다.
- 골동품도 마찬가지다. 불상이나 그와 비슷한 물건은 거실의 장식품으로는 좋지 않다. 거실에 둔다면 한편으로 깨끗한 곳에 두어야 한다.
- 거실에는 방향과 상관없이 거울을 두지 않는다. 거실의 모습을 모두 비추는 거울은 가족 사이를 좋지 않게 하므로 떼어 낸다.

- 거울은 창문을 마주하고 있으면 나쁜 기운을 반사시켜 좋다. 거울은 장식을 안해야 건강에 좋고 전신거울은 좋지 않다. 전신거울은 배우자가 바람을 피우니 관엽 식물로 1/3 정도를 가려준다.
- 거실과 베란다를 트는 것은 좋지 않다. 맑고 좋은 기의 흐름을 빨리 흘려보내므로 건강을 잃기 쉽다. 거실을 함부로 확장하면 나쁜 기운을 불러일으킬 수 있다. 만약 개조를 했다면 그 주위에 잎이 무성한 식물을 놓아 흉한 기를 없앤디.
- 베란다에 키가 작은 화분을 가꾸는 것은 좋다.
- 환기를 시키지 않은 실내 공기는 외부 공기보다 오염도가 높다. 바깥 외부 공해가 걱정되어 창문을 잘 열지 않는다. 그러나 하루 세 번씩 30분 정도 창을 모두 열고 환기를 시켜준다. 이른 아침 시간이나 늦은 저녁 시간대는 피한다. 자주 환기를 시키고 창은 항상 맑게 유지하도록 한다.

- 거실 내 곳곳에 숯을 놓아두면 공기 중 유해성분과 불쾌한 냄새를 제거할 수 있다. 숯은 값이 싸고 확실한 공기 정화기이다. 숯의 정화 효과는 1평당 약 1~3kg이 적당하다. 숯을 구입하면 흐르는 물에 여러 번 흔들어 씻어 먼지와 불순물을 제거한다. 그리고 햇빛에 바싹

말려 집 안 곳곳에 둔다. 6개월이나 1년에 한 번 정도 같은 방법으로 씻어 말려 재사용한다. 이때 종이나 신문지로 감싸지 말고 그대로 사용한다.

- 개미나 바퀴벌레가 나오는 곳에 살충제 대신 박하나 은행잎을 놓아두면 간단히 퇴치할 수 있다. 살충제는 사람에게도 해롭다.
- 주택 내부의 계단은 밝고 넓으며 원만하게 굴곡진 형태가 좋다.
- 주택 내부의 계단은 층과 층을 이어주는 기(氣)의 이동 통로이다. 계단의 수는 홀수[1, 3, 5, 7, 9]가 길하고 짝수[2, 4, 6, 8, 10]는 흉하다.
- 계단은 넓어야 좋다. 계단이 좁고 가파르면 생기와 금전 운이 달아나면서 불운이 찾아온다. 나선형 계단도 기가 흩어져 좋지 않다.
- 계단에는 조명을 밝게 한다. 계단 쪽이 밝고 넓으면 기의 순환을 좋게 한다. 밝은 나무 무늬가 그대로 살아있는 것이 좋다.
- 조명이 깨지거나 불이 안 들어오는 조명을 그대로 방치하면 좋지 않다.
- 거실의 중심이나 집 중앙에 위층으로 오르는 계단을 두는 것은 좋지 않다. 집 중심에 계단이 있으면 기의 흐름이 시원하지 못하여 주부가 질병으로 건강이 나빠지며 가족끼리 화합이 되지 않는다.
- 계단 바닥은 항상 깨끗하여야 하며 부드러운 굴곡진 형태가 좋다.

02 운을 부르는 색을 쓰자

동쪽에 붉거나 푸른 소품을 놓아두면 좋다. 동쪽방위는 붉은색으로 아침 해를 연상시킨다. 북동쪽에는 노란색 장식이 길한 기운을 불러들인다. 노란색은 '부(富)'를 부른다.

- 호화로운 큰 가구들로 꽉 들어찬 집보다 작더라도 꼭 필요한 가구를 단정하게 정리해 놓은 집이 기(氣)가 더 충만하다.
- 불필요한 물건을 버리면 좋은 기(氣)가 생긴다. '버리기'는 마음의 편안한 시간 여유를 가져온다. 다음에 치우려고 일단 미뤄놓은 물건이나 무시하여 버려진 물건들을 정리하자. 기의 통로가 되는 베란다에 가득 쌓아둔 물건도 정리한다.
- 빈방과 그 안에 쌓여 있는 물건들은 기를 떨어뜨림으로 빈방은 없어야 한다. 빈방이 있다면 낮에 문을 열고 매일 청소를 하여 흉한 기운이 방에 모이지 않게 한다. 흉한 기운과 잡다한 물건들이 쌓여 있

는 창고나 다용도실 또는 베란다 등에는 오른쪽과 왼쪽 양끝에 보조조명이나 화분 등을 배치하면 좋다. 이들을 배치하기 힘들면 예쁘고 작은 풍경이나 소리 나는 모빌 같은 것을 설치하여 종종 소리 나게 건드려 주면 좋다. 구석에 소품을 활용하여 장식할 때는 가급적 환한 조명 아래 둔다.

03 소파가 출입문을 정면으로 바라보지 않는다. 소파와 현관이 대각선을 이루는 것이 좋다. 소파는 동쪽과 남쪽을 보며 서쪽에 둔다

소파는 동쪽과 남쪽을 바라보는 방위가 길하므로 서쪽에 둔다. 이로 인해 기를 최대한 충전시켜 주며 육체적인 피로를 풀어준다. 반대로 배치된 구조라면 휴식을 취해도 늘 피로 하고 집중력이 떨어진다. 이럴 때는 크지 않은 거울을 서쪽 벽 측면에 걸어 동쪽의 기운을 되돌려 주면 좋다.

- 소파를 침대로 사용하는 집은 재운이나 금전 운이 좋아지지 않는다.
- 소파 위에서만 지내는 사람은 인생이 이미 끝이 난 것과 같다. 소파 위에서 뒹굴며 지나면 심장병, 당뇨, 요통에 걸리기 쉽다. 몸을 움직이면 넘어지거나 사고당할 위험도 크다.

- 소파는 싸구려나 닳아빠진 것을 쓰지 않는다. 이를 사용하면 가운이 번성해지는 일은 없다. 반면 이태리제 등 비싼 소파를 쓰는 것도 좋지 않다. 주객이 변하여 운기가 달아난다.
- 거실 넓이에 비해 소파가 크면 점점 집에 들어가는 시간이 늦어지므로 큰 것은 피한다.

- 소파는 어떤 가구보다 그곳에 앉은 사람의 전신을 편안하게 감싸주는 소품으로 등받이가 너무 뒤로 젖혀진 타입은 피한다.
- 소파는 일반적으로 면이나 모직 소재보다 가죽제품을 사용하는 것이 좋다.
- 거실의 소파는 가족의 단란함을 생각한다면 천으로 된 것이 좋고, 대외적으로 사교성을 원한다면 가죽으로 된 것을 사용한다.
- 거실이나 한 방안에 크기, 색, 무늬가 각각인 소파가 있으면 외부 사람들로부터 끊임없이 구설에 오르내린다.
- 강한 체크무늬나 얼룩무늬와 복잡한 무늬의 가죽소파는 가정 운과 사업 운에 좋지 않다.
- 등나무 가구는 가급적 피하는 것이 좋다. 등나무 의자에 천으로 된 쿠션을 놓아 소파를 쓰는 가정은 공부는 안중에도 없고 놀기만 좋아하는 아이가 생긴다. 그러나 예술가나 예능 방면 사람은 괜찮다.
- 고가구(古家具)가 위압적인 것은 좋지 않다. 고가구를 배치할 때 아무 곳에 두지 않는다. 고가구를 밝은 장소에 놓고 항상 청결함을 유지하며 고가구 위에 생기가 있는 작은 화분을 배치하면 좋다.
- 집 가구가 낡거나 색상 빛깔이 칙칙하다고 구석에 두는 것은 피해야 한다. 구석진 곳이나 어두운 혼탁한 곳에 두면 오래된 기가 흉기로 변해 맑은 기를 잃게 되어 집안싸움이 생긴다. 가게일 경우는 손님의

발길이 줄어든다.
- 소파 위의 쿠션이 낡았거나 우중충하여 인테리어로서 구실을 못할 경우 다른 것으로 속히 교체해 주어야 한다.
- 소파 밑은 청결하게 깨끗해야 한다. 먼지가 쌓이면 사회적이나 대인관계에서 운이 떨어진다.

04 목제로 된 나무 테이블이 좋다

거실의 테이블은 사각보다는 원형탁자를 두면 가족의 화목을 지켜준다. 둥근 것은 넉넉하고 긍정적인 부드러움 속에 균형감을 주어 집안의 기감을 좋게 한다.

- 목제로 된 나무의 테이블이 좋다. 화려한 색상 테이블은 발전이 없다. 나무결이 살아있는 테이블에 천을 씌우면 금전 운이 떨어져 좋지 않다.
- 유리 테이블은 좋지 않다. 깨끗하게 보이지만 새롭게 만들어지는 것은 없다. 발전과 즐거움이 없어 힘 있게 노력하며 살아가려는 의욕을 잃는다. 유리 반사 빛으로 눈의 피로도 쉽게 오며 기(氣)를 다칠 수도 있다. 만약 사용한다면 유리 위에 직접 물건을 두지 말고 꼭 테이블보를 덮도록 한다.
- 유리와 금속이 섞여 있어도 좋지 않다. 석제 테이블이나 대리석은 젊은 사람에게 좋지 않다. 돌(石)이 가지고 있는 땅의 강한 음기가 약한 운을 가진 사람에게는 그 테이블로 인하여 남에게 좋지 않은 이야기를 듣는다.
- 정사각형(정방형) 테이블을 쓰면 한 가족이 단란하며 인간관계도 좋아

진다. 테이블보는 무늬 없는 것을 사용한다.

- 직사각형(장방형) 테이블을 쓰거나 긴 쪽을 동쪽과 서쪽으로 두면 아이들이 건강하다. 이때 테이블보는 무늬가 있는 것을 사용한다. 반면 긴 쪽을 남쪽과 북쪽으로 두는 경우는 부모나 어른들이 쓰는 공간이 된다.
- 테이블을 놓고 방향에 따라 앉는 위치를 염두에 둔다.

  – **앉는 위치** : 부부는 북쪽이나 서쪽, 아이들은 남쪽이나 동쪽

  – **젊은 부부** : 남성은 북쪽이나 서쪽, 여성은 남쪽이나 동쪽
- 침실에서는 문에서 볼 때 안쪽이 남편 자리이나 식탁에서는 남편이 가장 바깥쪽 자리이다.
- 거실 테이블 아래 낡은 잡지나 앨범 또는 휴지상자 등이 놓여 있는 집은 비웃음을 얻는다.

05 꽃병은 도자기가 더 좋다

꽃병은 크리스털보다는 도자기처럼 구운 것이 더 좋다. 크리스털과 도자기를 모두 준비해 두면 좋다.

- 꽃병에 꼭 꽃을 꽂아둘 필요는 없다. 도자기로 된 꽃병에 꽃은 없어도 그대로 인테리어로 놓아 둔 집은 인간관계도 원만하고 사업 운이 좋아져 사업이 잘될 것이다.

06 거실에는 겹 커튼을 달면 좋지 않다

커튼은 빛을 막거나 방음뿐 아니라, 창문의 보조 장치로 분위기에 매우 중요하다.

- 커튼천은 폴리에스테르 화학섬유보다 울이나 순면 등 천연섬유 쪽이 행운의 기가 강하다.
- 커튼은 세탁이 간편한 기본형이나 롤 스크린과 버티컬 블라인드 종류가 무난하다.
- 거실에는 겹 커튼을 달면 좋지 않다. 그러나 침실에는 천과 레이스 겹 커튼을 단다.
- 커튼을 두 겹으로 할 때는 햇빛이 들어오는 것을 막는 천으로 된 커튼은 가능한 피한다.
- 거실에 얇은 무명을 평범하게 단 집은 좋은 사람들이 모여 좋은 대화가 오간다. 인간관계도 좋아지고 사회적으로도 성공하는 집이 된다.
- 녹색계열의 무지의 커튼일 경우는 현재에 만족한다. 색상이 요란하고 화려하면 이 집을 떠나 이사하게 된다. 무늬 커튼은 가족 중심으로 손님을 좋아하지 않게 된다.

- 거실에는 중후한 것보다는 그 집에 맞는 수수하고 편하며 소탈한 것이 좋다. 중후한 커튼을 한 집은 그 방에 잘 모이지 않아 단란한 가정을 기대하기 어렵다.
- 수험생 방엔 세로 줄무늬 커튼을 하고 결혼하고픈 적령기 여성은 꽃무늬 커튼이 좋다.

- 사방의 벽이 모두 창으로 된 집은 드물다. 벽의 창에 맞추어 동쪽 창은 청색계통 커튼, 서쪽 창은 갈색계통, 남쪽 창은 녹색계통, 북쪽 창은 흰색계통의 커튼이 좋다.
- 커튼은 창틀 규격에 맞추어 하는 것보다는 산(山)의 모습같이 완만한 곡선 형태의 커튼 장식을 하면 좋다. 상승하는 모습에서 공간에 모인 탁한 기운을 몰아내고 맑은 기를 북돋우는 역할을 한다.

07 산수화나 꽃그림은 가족의 행복, 포스터는 좋지 않다

거실은 응접실도 겸하지만 가족이 쉬는 방이기도 하다. 가족이 들어왔을 때 사진을 바로 보이도록 걸어두면 가정이 화목해진다.

- 거실 벽 한쪽은 대부분 창이 없다. 그 벽면에 그림 등을 장식하는 공간으로 이용하자.
- 거실에 거는 액자는 푸른 자연의 그림이 좋고 인물화 등은 좋지 않다.
- 그림은 방위나 밸런스 등을 고려해서 걸어야지 벽에 함부로 못을 박는 것은 좋지 않다.
- 벽에 꽃그림을 걸고 있는 집은 가족이 행복하다. 산수화 등 수수한 것이 좋다. 산 그림을 걸어두면 금전 운이나 재운이 향상된다. 아름다운 풍경화나 사무실에 한색계열의 실크 스크린을 걸어두면 재능이 꽃피게 된다. 결혼을 간절히 바라는 사람은 난색계열의 실크 스크린을 걸어둔다.
- 대나무는 관상용으로도 무난한 식물이며 좋은 기가 있는 방위에 대나무의 그림을 걸어두면 좋다. 또 부귀의 상징으로 우아하며 선명하고 화려한 꽃인 모란[목단]의 그림도 좋다.

- 거실에 그림을 통일감 없이 여러 개 거는 것은 좋지 않다.
- 만화 같은 그림, 괴상한 그림, 전위적인 그림은 이웃의 도움이나 신뢰를 얻지 못한다.
- 침실 벽면에 걸어두는 그림은 풍경화나 밝은 분위기의 정물화가 좋다. 어린이 방이나 침실에 추상화나 용, 사자, 호랑이 등 동물그림을 걸어두면 특히 어린이나 노인들에게는 위압감으로 기를 다칠 수도 있다.
  - 용은 상상 속의 동물로 권위와 부귀, 길상의 상징으로 영물로 숭배한다. 또 길운을 왕성하게 하며 흉을 물리친다고 용의 장식품을 각 가정에 많이 둔다. 용은 물이 있으면 생기가 넘쳐 용맹한 기상을 발휘하므로 용의 장식품은 어항이나 수조 등 물이 있는 곳에 놓는

것이 좋다. 물이 없는 집은 수(水)의 기운이 있는 북쪽에 놓도록 한다. 용의 그림은 황금 테가 있는 액자에 넣어 북쪽에 걸어두면 좋다. 이때 주의할 것은 날카로운 발톱을 세우고 이빨을 들어 내놓고 빨간 눈을 한 용의 그림이나 장식품은 구입하거나 선택하지 않는 것이 좋다. 그러나 만약 소유하고 있다면 용의 눈이 어린이 방이나 침실로 향하게 하면 매우 좋지 않다.

- 백수의 왕이라 불리는 용맹스러운 사자를 집안에 두면 길운을 부르고 힘을 발휘한다고 사자상이나 사자 그림을 걸어두는 집이 있다. 바람직스럽지는 않지만 사자상이나 사자그림은 서북쪽이나 서쪽에 놓는 것이 길한 방향이다. 사자상은 반드시 암수 한 쌍을 놓아 서로 마주 보도록 한다. 이때도 사자상이나 사자그림의 머리는 밖을 향하게 한다. 사자의 머리가 안쪽 집안을 향하게 하면 가족에게 해를 끼칠 수 있어 절대로 안 된다. 사자는 외부에서 들어오는 흉한 기를 막으려 사용되는 동물로써 꼭 사자의 머리를 현관의 바깥쪽을 향하도록 해야 한다.

큰 입을 벌리고 위엄 있게 앉아 있는 사자상이나 사자그림을 어린이나 노인의 방에 두면 매우 위험하다. 사자의 살기가 노인이나 어린이의 기를 빼앗는다. 이런 경우에는 사자 대신 거북이나 거북 그림을 걸어두는 것이 좋다. 거북은 용과 같이 길상으로 장수를 상징하며 흉한 기를 쫓아낸다. 이때 주의할 것은 거북을 놓을 때도 사자와 마찬가지로 거북의 머리를 바깥쪽을 향하게 놓아야 한다.

- 포스터를 거실에 붙이면 좋지 않다. 출입문에 붙여두면 쓸모없이 돈이 나간다. 거실에 포스터가 있는 집은 외부의 정보에 놀아나기 쉽다. 젊은 사람은 거실보다는 침실에 붙이는 것이 좋다. 그러나 그것도 30세가 넘으면 나쁘게 작용한다. 덧없이 꿈만 쫓는 사람이 된다.
- 벽이 나무로 된 집은 인간관계가 원활해진다. 벽이 타일이나 회반죽 등 흙이나 도자기 벽돌로 된 집은 앞으로 돈에 쪼들릴 걱정은 없다.
- 거실에 대리석 등 돌을 많이 쓰면 그 집에 오랫동안 살 수 없게 된다.
- 벽지가 꽃무늬나 강한 무늬일 때는 인간관계가 원활하지 못하다. 줄무늬라면 지금의 생활을 위해 인내가 필요하다. 회사원이면 직장을 옮길 수도 있다.
- 거실에 벽지가 3종류 이상의 것이 사용되었거나 소재가 3종류라면 침착성이 없어지고 내부로부터 가정이 허물어질 수 있다.

08 융단은 계절마다 바꿔주고, 중앙엔 미니 카펫 정도가 좋다

거실에 융단 등을 깔 때 전체적인 것보다는 중앙에 자신의 체질에 맞는 색을 골라 미니 카펫 정도를 까는 것이 좋다. 전체적으로 깔면 청소를 잘해도 먼지나 이물질 등 탁한 기가 양탄자 깊이 배어든다. 특히 어린이나 노인과 임신부 등 기감에 민감한 가족은 조심해야 한다.

- 여름에는 가능한 대나무나 왕골로 짠 것 등 자연소재로 하면 매우 기(氣)가 좋다.
- 무늬 없는 카펫을 깔도록 한다. 중앙에 깐 융단에 무늬가 있으면 머지않은 시일에 이사를 하거나 집을 나가는 경우가 생겨 그 거실에서 가족이 오랫동안 단란하게 지내는 일이 없다.
- 거실에 깐 융단과 똑같은 색상을 현관이나 세면 장소 또는 부엌에서 쓰면 사회적으로는 성공할지라도 가족은 단란하게 편히 쉬지 못한다.

- 융단은 계절에 따라 바꿔줘야 한다. 몇 년째 같은 것만 쓰기 보다는 해마다 비싸지 않은 것으로 자주 바꾸어 주는 편이 좋다.
- 융단은 비싼 것보다 색상을 즐겨야 한다.
- 융단 색깔의 에너지도 그곳에서 쉬고 있는 사람이나 가족에게 큰 영향을 받게 한다.
    - 청색계열의 융단색은 돈에 쪼들리는 등 자금 압박을 받는 집이 많다.
    - 녹색계열은 여유는 있지만 정신적 기쁨이나 즐거움은 별로 없다.
    - 베이지색 계열은 허세 부리기를 좋아해서 실속 없는 사람이 되기 쉽다.
    - 회색계열은 현재 만족을 못하고 새로운 것에 도전하지만 결과가 좋지 않은 일이 많다.
- 난색계통의 색상은 양(陽)이며, 반대로 한색계통의 색상은 음(陰)이다.
- 융단 등은 털의 길이가 5밀리 이하는 양(陽)이며 그 이상은 음(陰)으로 본다.
- 마루바닥은 도료를 칠하지 않은 소재를 써야 좋다. 마루에 난 흠집 등은 바로 깨끗이 손질을 하며 마루는 매일 깨끗이 닦아야 한다.
- 거실바닥에 층을 두면 생체리듬을 떨어뜨려 무력감이나 피로감, 피곤함을 쌓게 한다.

- 카펫은 꼭 깔아야 한다면 세탁을 자주 할 수 있는 면 소재가 좋다.
- 바닥의 재료는 일반적으로 양(陽)의 기(氣)를 가진 것이 좋다. 대지(흙)가 음(陰)의 기를 가지고 있기 때문에 서로 균형을 맞추어야 좋다.

09 가전제품은 동쪽에 배치한다

현재 21세기는 정보화 시대이다. 수많은 정보가 범람하고 있다. 전화 역시 정보원(情報源)이다.

- 좋은 정보는 동쪽 에너지의 좋은 작용에 의해 얻을 수 있다.
- 가전제품은 동쪽에 배치한다. 동쪽은 젊음과 기가 많다.
- 소리 에너지는 사람의 뒤보다는 앞에서, 서쪽보다 동쪽에서 전해질 때 기(氣)를 덜 다친다.

- 텔레비전과 오디오는 모두 기를 증폭시키는 역할을 한다. 오디오 등은 파워가 강하기 때문에 두는 위치가 중요하다. 그래서 이들 물건을 놓는 방위로 적합한 것은 동쪽이나 남쪽이 좋다. 동쪽에는 전기제품이나 정보의 소리 에너지가 있기 때문이다.
- 텔레비전이나 오디오는 너무 크면 좋지 않다. 필요 이상 큰 텔레비전을 둔 집은 곧 이사할 기운이 있다.
- 텔레비전이나 오디오를 거실 서쪽에 놓아둔 집은 아이들이 TV만 보고 공부는 안한다. 또한 기운을 다치게 하여 가족중 기감이 민감한 사람은 우환이 생기거나 몸을 상할 수도 있다. 이는 서쪽은 좋은 방위이므로 TV가 그 집의 주인처럼 행사하기 때문이다.
- 남쪽에 TV를 놓아 둔 집은 가족이 잘 모여 즐거운 가정이 된다. 낮엔 주위가 밝기 때문에 TV를 보지 않고 대화를 나눌 기회가 더 많아진다.
- 동쪽에 둔 집은 그 TV나 오디오는 쓸모없게 되어 버린다. 외부로부터 더욱 신나고 재미있는 정보가 들어온다.
- 북쪽에 둔 집은 TV나 오디오에 의해 가족이 다투거나 형제의 싸움이 그치질 않는다. 북쪽은 안정의 방위로 그곳에 TV가 있으면 기가 산만해지기 때문에 불안 초조해진다.
- 텔레비전을 혼탁한 기가 머무는 부엌이나 식당 가까이 놓는 것은 피해야 한다.

- TV와 비디오 또는 CD겸용을 구입한 사람은 거실 동쪽이나 동남쪽과 동북쪽에 둔다. 서쪽이나 남서쪽과 북서쪽에 두면 휴일에 외출하지 않고 거실에서 가족이 빈둥거린다. 작은 소형 TV를 가지고 다니면 침착성이 없고 초조 불안해지기 쉽다.
- TV는 이동이 가능한 것으로 되도록 둥근 디자인으로 구입한다. 둥근 것은 어디에 두어도 에너지 발생의 길흉이 적기 때문이다.
- TV, 오디오, 전화기는 늘 깨끗하게 한다. 텔레비전이나 오디오와 전화기에 먼지가 쌓여 있으면 매우 좋지 않다. 이런 집은 그만큼 그 집안의 운기가 떨어진다.
- 핸드폰은 국민 누구나 자유롭게 소유하고 있으며 없어서는 안 될 중요한 정보원이다. 핸드폰이 기본이 된 지금 **'전화를 어디에 둘까'** 하는 것은 큰 문제가 되지 않는다. 그러나 정보가 범람하고 있는 현대엔 전화기 한 대가 아니라 3대쯤 놓는 것이 좋다. 동쪽의 기운과 3이라는 숫자는 천생연분으로 아주 잘 맞는다. 유선 무선전화기는 본체 1대와 2대를 연결하여 모두 3대를 설치하여 방의 동쪽에 둔다. 회색계열의 전화기는 사업 운을 좋게 해준다.
- 에어컨이나 선풍기 등은 동남쪽에 둔다. 동남쪽은 바람과 인연이 있어 잘 맞는다. 겨울철에 에어컨은 보자기나 비닐커버 등으로 절대로 덮지 말고 보관해야 한다. 흉물스럽게 보이고 실내에 흉한 기운을 발산

시켜 집안에 어려운 일이 생길 가능성이 높다. 청결하게 부지런히 닦아 먼지가 앉지 않도록 한다. 냉기는 위에서 아래로 흐르고 온기는 아래에서 위로 흐르므로 에어컨의 냉방기구는 높은 곳에 설치하고 난방기구는 아래 낮은 곳에 설치하면 좋다.

- 시계도 인테리어의 일종이다. 고급품의 나무로 만든 시계를 동쪽에 걸거나 두면 좋다. 품위 없는 장난감 같은 것이나 기발한 것과 디지털 시계 등을 선택해 걸지 않도록 한다.

10. 거실에 수조를 두는 것 자체가 좋지 않다

거실에 수조를 두는 그 자체가 좋지 않다. 거실은 가족만이 단란하게 휴식을 취하며 마음 편하게 쉬면 좋은 곳이다. 이곳에 사람 외에 다른 생물이 그곳에 끼어들어서는 좋을 것이 없다.

- 수조를 거실에 설치하고 열대어를 키우는 사람은 큰돈에 변화 운을 가진 사람이다. 크게 돈을 벌기도 하지만 크게 손해를 보기도 하여 금전 운에 기복이 심하다.
- 열대어는 방의 동쪽이나 동남쪽에 두고 수초 청소를 자주 해준다.
- 동쪽에 수조를 두면 진학, 취직, 사업 운 등에 다툼이 생길 수 있으니 주의해야 한다.
- 북쪽에 수조를 두어도 남녀문제로 다툼이 생길 수도 있으니 역시 주의가 필요하다.
- 서쪽에 위치한 거실은 물을 가까이 하면 좋지 않다. 이 방위에는 열대어나 금붕어를 키우는 수족관과 어항은 두지 않는다. 풍수상으로 서쪽, 북쪽, 북서쪽, 남서쪽, 북동쪽 방위에는 물이나 불을 사용하는 공간이 있으면 재물 운이 없고 좋지 않다.

- 동남쪽의 수조도 이웃과 다툼이 생길 가능성이 있다. 이곳에 작은 어항을 놓아둔 사람은 바로 옮기는 것이 좋다. 모든 일들이 꼬이기 쉽다.
- 물이 20리터 이상 들어가는 수조는 남쪽에 두는 것은 금물이다. 노이로제나 불면증에 걸릴 수도 있다.
- 수조나 어항을 신선한 성인들의 신상(神像) 밑에는 놓지 말아야 한다.
- 수조는 수(水)이고 가스레인지는 화(火)이므로 어항과 가스레인지가 마주보고 있으면 가족의 건강을 해칠 수도 있다.
- 수조나 어항이 설치된 자리가 높으면 길(吉)보다는 흉(凶)이 작용하므로 어린이 키[최고 1.2m]를 넘으면 좋지 않다.
- 수족관은 돈을 부르는 소품이지만 부부관계에는 나쁜 기운을 미칠 수 있으므로 신중히 선택해야 한다.

11 거실엔 관엽 식물을, 천정까지 닿는 무성한 화분은 좋지 않다

집안에 깨끗하고 신선한 생기를 불어넣어 주는 것이 각종 식물이다. 집안에 녹색 관엽 식물은 풍수상 매우 좋은 기운을 준다.

- 관엽 식물은 반드시 거실에 두어야 한다. 이는 가족을 지켜주는 매우 소중한 것이다. 관엽 식물 한 그루도 없는 거실은 운기가 멈출 수 있다. 겨울은 기가 움츠러지는 계절이므로 겨울에는 더더욱 녹색 관엽 식물을 가까이 두어야 한다.
- 거실이나 침실에는 관엽 식물을 흉한 기가 발생하는 곳에 배치한다. 거실에는 큰 화분과 관엽 식물을 놓고, 침실에는 꽃이 없는 난과 같은 식물이 좋다.
- 관엽 식물은 운기가 나쁜 곳이나 신경이 쓰이는 곳에 두면 좋다. 현관 신발장 주위에 식물을 놓아두면 밖에서 들어오는 기운이 힘을 얻는다.

- 관엽 식물이 메마르면 좋지 않다. 이는 집안에 에너지가 모자란다는 신호이다. 메마른 식물을 방치하면 남에게 속거나 돈 빌려 달라는 부탁이 많아 금전 운이 나빠진다. 기(氣)를 빼앗아가는 말라버린 식물은 하루빨리 치운다. 화분은 가끔씩 바깥에 내어 햇빛을 쪼여준다.
- 관엽 식물의 큰 화분 한 개 보다는 식물끼리 서로 도우며 오순도순 살아가도록 작은 화분 여러 개를 두면 좋다.
- 햇빛이 들지 않는 남쪽에 창이 없는 방은 관엽 식물을 남쪽에 둔다.
- 서쪽에 큰 창문이 있고 강한 햇살이 들면 그곳에 화분을 둔다.
- 실내에서는 꽃이 무성한 화분은 피한다. 꽃을 피우려고 좋은 기운을 모두 빨아들인다.
- 에어컨 옆의 장식장 위에 꽃이 없는 잎이 무성한 화분은 좋다. 이는 전자제품에서 발생하는 나쁜 기의 전자파를 흡수하기 때문이다.
- 나무는 자연이다. 자연 그대로의 순수한 나무는 여러 모로 효과가 있다.

- 임신을 바란다면 꽃이 적고 잎이 무성한 난초 등이 적당하며 목련이나 철쭉 등은 피한다.
- 꽃이 피는 관엽 식물을 계절마다 바꾸는 것은 별의미가 없다. 오랫동안 보고 즐기는 여유가 필요하다.
- 각 방에 한 개 정도의 작은 화분을 놓자. 햇빛 바른 남쪽 방엔 식물의 기(氣)가 필요하다.
- 거실에 잎이 무성하고 잘 자라는 화분은 맑은 기가 많이 발생하여 수축의 기를 상쇄한다.
- 천정까지 무성히 자란 화분은 좋지 않다. 집안에 위압적인 기운과 반발의식을 불러일으켜 가족들을 신경질적으로 만들 수 있다. 특히 어린 자녀들은 정서적으로 불안해하고 폐쇄적인 성격으로 바뀔 우려도 있다.
- 거실의 화분은 그곳에 살고 있는 사람들의 키보다 큰 화분은 좋지 않다. 큰 나무에서 맑은 기가 만들어지지만 좁은 공간에 큰 나무는 맑은 기운보다는 답답한 기운을 밀어낸다. 키 작은 화분을 벽에 매달아 놓는 것은 좋지만 벽 전체를 덮으면 기를 다

치고 건강을 약화시켜 좋지 않다.
- 아파트의 층수는 땅의 기운(地氣)이 도달하는 높이가 적당하다. 창밖의 나뭇가지가 올라오는 높이에서 3~4층 위까지 지기가 올라온다고 생각하면 된다.
- 식물은 한마디로 아파트의 여러 단점을 해결해 주는 소중한 존재다.
  - 콘크리트의 삭막한 아파트에 작은 식물들이 유해물질을 제거하고 공기를 맑게 해주며 생기를 불어넣어 주고 있어 환영받는다. 또한 실내온도나 습도를 조절하여 스트레스를 해소하고 소음을 차단하며 전자파와 오존 등을 흡수하는 등 유익한 영향을 받는다.
- 작은 화초는 거실에 두고 수석은 베란다에 둔다.

- 예쁜 꽃을 피우는 화초도 좋지만 공기 정화식물을 키울 것을 권장한다. 관엽 식물과 선인장을 함께 키우는 것이 가장 바람직하다.
- 수분을 많이 필요로 하는 유실수는 좋지 않다.

12 관엽 식물 화분의 배치를 알아보자

관엽 식물(觀葉植物)은 꽃보다는 잎사귀의 모양이나 아름다운 빛깔 등을 관상하고 식물들이 자라나는 모양을 바라보는 즐거움에 가꾸는 식물을 말한다. 거기에는 관음죽, 종려, 소철, 고무나무, 아나시스, 벤자민, 행운목, 베고니아, 싱고니움 등 많은 종류의 관엽 식물이 있다. 그 가운데 장소에 따라 어느 식물을 두어야 되는지 알아본다. 이 식물들을 배치할 때는 기를 활발하게 하는 방위에는 나뭇잎이 큰 상록식물을 놓고 기를 빼앗는 방위에는 선인장이나 장미 같은 가시가 있는 식물을 놓으면 된다.

- 현관에는 불쾌하고 잡다한 냄새를 없애주는 이레키야자, 벤자민, 고무나무를 둔다.
- 거실에는 공기정화 능력이 뛰어난 아이비, 벤자민, 고무나무나 행운목, 스킨답서스, 파

관음죽

키라, 담배 냄새를 없애주는 네프롤레피스를 놓는다.
- TV나 오디오 옆에는 전자파를 차단하고 음이온을 발생시키는 산세비에리아가 좋다.
- 주방에는 일산화탄소의 제거능력이 탁월한 스킨답서스, 벤자민, 고무나무나 거베라, 스파키필름을 놓아둔다.
- 침실에는 실내 습도조절 기능이 우수한 싱고니움, 산세비에리아(음이온이 많이 발생)나 네프롤레피스(담배 냄새를 없애 준다)를 배치한다.
- 컴퓨터나 사무기 주변에는 행운목이나 선인장류, 산세비에리아가 좋다.
- 화장실과 욕실에는 냄새제거에 많이 사용되어 암모니아를 제거해주는 관음죽이나 국화, 싱고니움을 두는 것이 좋다.
- 선인장은 전자파를 흡수한다 하여 각 가정의 실내에 많이 놓는데 가시가 많아 좋다고 할 수는 없다. 그러나 흉기가 있는 곳에 가시가 있는 장미나 선인장류를 놓으면 흉기를 없애는 효과를 본다.
- 재활치료중인 환자 주변에 실내식물을 가까이 두면 행복해 한다.

― 큰 수술이나 매우 힘든 치료를 받고 재활치료중인 환자 주변에 실내식물을 많이 놓으면 환자들의 행복이나 만족도가 높아진다. 노르웨이의 노르웨이대학과 스웨덴의 웁살라대학 연구진은 실내에서 기르는 식물이 재활치료에 미치는 영향을 알아보기 위해 치료중인 환자 436명을 2년간 연구했다. 연구진은 인테리어는 바꾸지 않은 채 환자들이 공동으로 사용하는 공간에 28가지 실내식물을 키웠다. 또 이와 비교하기 위해 어떤 환자들은 병실 주변에 실내 식물을 전혀 두지 않았다. 그 결과 계속 실내식물을 가까이에서 보면서 생활한 환자들이 느끼는 웰빙 수치가 식물을 전혀 보지 못하고 지낸 환자들보다 훨씬 높은 것으로 나타났다. 연구진은 "실내식물이 직접 어떤 치료효과가 있는 것인지는 알지 못한다. 그러나 가까이 있는 실내식물이 환자들의 행복감이나 만족감을 높이는 것은 확실하다."고 밝혔다.

13 거실에는 밝고 둥근 형태의 조명이 좋다

조명은 태양의 역할을 한다. 조명은 어둠을 밝히는 것이므로 양의 에너지를 발산한다.

- 조명기구에는
  - 천정에 직접 붙이는 것
  - 홈 속에 넣는 다운 라이트, 샹들리에
  - 벽에 붙이는 브래킷
  - 마루바닥에 놓는 플로어스탠드
  - 책상 위에 놓는 테이블 스탠드
  - 한 곳에 집중적으로 비추는 스포트라이트 등이 있다.
- 거실의 조명은 밝게 한다. 어두운 조명은 기분을 침울하게 만들고 행동을 제약한다. 화장실에도 조명은 밝게 한다.
- 실내엔 둥근 형태의 조명이 좋다.

조명기구로 좋은 기운을 강화시킨다. 거실이나 실내는 대부분 사각형 형태이므로 둥근 형태의 조명기구를 사용하여 기의 균형을 맞춘다.

- 차분하고 은밀해야 할 곳인 안방을 지나치게 개방하여 노출시키거나, 조명이 너무 밝다면 재물이 모이지 않고 흩어지게 된다. 반대로 안방이 너무 어둡고 폐쇄되어 있으면 생기가 들어오지 않아 건강을 해치게 된다.
- 안방의 조명은 에너지를 재충전하기 위한 휴식과 수면에 적합한 어두운 타입의 조명과, 청소와 환기 등을 위한 일상생활에 적합한 밝은 타입의 두 가지 조명방식을 바꿔가며 사용하면 좋다.
- 조명형식으로는 직접조명과 간접조명이 있다. 침실과 현관에 간접조명을 쓴다면 다른 한 곳에 다운라이트로 강한 빛이 나오게 하면 좋다. 침실 등에 무드를 위해 간접조명만 컨다면 조명을 끈 순간 기가 양에서 → 음으로 바로 바뀌지 않아 편안히 잠들지 못한다.
- 식탁 위와 부엌의 천정 중앙과 싱크대는 밝은 조명기구를 설치한다.
- 조명이 날카로워 뾰족하거나 꼬인 듯 복잡한 느낌을 주는 조명기구는

해로우며, 지나치게 밝거나 어두운 것도 좋지 않다. 온화하고 부드러운 집안의 기를 만들도록 무난한 색상의 백열등과 같은 조명이 좋다.

- 거실에 스탠드를 하나 놓으면 좋다. 그 스탠드는 방 전체의 이미지와 잘 맞지 않는 네모난 방에는 둥근 스탠드, 현대 감각의 부드러운 방에는 네모난 클래식한 것이 좋다. 스탠드가 없는 거실은 좋지 않다. 좋은 인간관계와 결혼 운이 따르질 않는다.
- 새로운 디자인의 참신한 조명 스탠드에 정신이 팔려 있는 집은 부부의 위치가 바뀌기 쉽다.
- 천정에 조명기구를 하나만 달아 놓은 집은 부동산운이 좋지 않다. 넓고 좋은 부동산을 갖고 싶으면 조명을 여러 곳에 달면 좋다. 그러나 다운라이트를 너무 많이 달면 정보에 홀려 차분해질 수가 없다.
- 천정에 매달린 조명이 깨어져 있거나 전구가 없는 채로 방치하면 좋지

않다. 전등 외부의 장식물을 떼어내서 전등 내부의 전선과 안전기 등이 보이고 먼지로 덮여 있어서는 안 된다. 또 전구가 여러 개 달려 있는 조명은 그중에 단 한 개의 전구라도 끊어진 채로 방치하면 좋지 않다.

- 중심이 되는 조명과 함께 간접조명이나 벽에 달린 조명 등 광원이 직접 눈에 들어가지 않도록 해놓은 집은 큰 사업 운과 재운이 따른다.
- 조명기구를 잘 이용하면 어긋난 기의 균형을 바로잡을 수도 있다.
- 집안의 마주보는 문이 서로 어긋나 있으면 아이들이 넘어져서 팔 다리의 골절이나 상해를 입을 수도 있다. 이때에는 문의 중심선을 따라 천정에 매입된 조명등을 설치한다면 공간의 균형을 바로잡을 수 있다.
- 조명기구는 설치하는 즉시 기의 변화된 흐름을 바로 느낄 수 있다. 그래서 조명기구의 설치 위치와 조명 형태와 불빛 색깔 그리고 조도 등에 세심한 주의가 필요하다.
- 조명기구를 적소에 잘 활용하면 각 8방위의 기운을 강화시켜 주택이나 사업장에서 기운이 약한 부분을 보완할 수 있다. 부(富)를 상징하는 남동쪽[손방위]인 그 자리에 어울리는 어항이나 복조리 등의 풍수소품으로 장식을 하고 그곳에 스탠드 불빛을 비춰주면 그 방위의 기운을 더욱 강화시킬 수 있다.
- 생활풍수의 기본적인 원칙의 하나가 바로 균형과 조화를 이루는 것이

다. 주의할 점은 아무리 좋은 풍수적 처방이라도 어떤 것이든지 넘치고 과하면 오히려 좋지 않다. 조명기구가 좋은 기운을 강화시킨다고 모든 방위에 조명을 비추는 것은 지나친 욕심이다. 이런 지나침이 집안의 모든 기의 균형을 깨뜨릴 수 있다.

- 기운이 가장 강화되길 필요로 하는 자리가 어디인지 살펴보고, 그 방위에 알맞은 소품을 배치한다. 그리고 그곳에 스탠드를 설치하여 적절한 조명을 비추어 그 자리의 기운을 올려주도록 한다. 이것이 바로 현명한 인테리어 풍수이다.

14 조명기구로 빠져나가는 기를 붙잡는다

조명불빛은 어둡고 구석진 자리의 정체된 기를 순환시킨다. 주택이나 아파트의 진입로가 도로의 내리막길과 연결된 경우라면 내리막 아래쪽에 나무를 심거나 조경석을 세워 그 옆에 외부조명을 함께 설치하면 비탈길의 경사면을 따라 빠져나가려는 기를 붙잡아 둔다.

- 조명기구로 좁은 집안의 기운을 안정시킨다.
- 작은집의 경우에는 출입문을 열면 좁은 현관의 막힌 벽과 거실이 한눈에 보이는 구조로 되어 있다. 현관에 들어서면 시선이 두 군데로 분산되는 이런 주택에서는 평형감과 균형이 깨져 정서가 불안정하고 피로를 느끼게 된다. 이런 집은 시선이 분산되지 않고 한 곳으로 모을 수 있도록, 막힌 벽면에 호감이 갈 수 있는 액자나 장식물을 매달아 시선을 집중시키면 해결된다. 그리고 이곳에 액자를 비춰주는 벽등이나 스탠드로 조명기구를 설치한다. 그렇게 하면 멀고 가까운 두 곳으로 갈라지는 시선을 한쪽으로 집중시켜 균형을 이루며 집안의 기운을 안정시킨다.
- 풍수 인테리어는 올바르게 활용할 때만이 좋은 기가 생겨 화(禍)를 복(福)으로 바꿔준다.

제 7 장
아늑한 침실 꾸미기

- 침실은 넓고 깨끗하며 집의 중심에서 북쪽이나 북서쪽이 좋다
- 남편은 침대 제일 안쪽에서 자야 부부금실이 좋다
- 침실에는 가전제품을 피한다
- 옷장은 꼭 마련
- 금전 운을 원하면 노란색이나 금색
- 베개의 방향

제7장 아늑한 침실 꾸미기

예전이나 지금이나 **"역사는 밤에 이루어진다."** 는 말이 있다. 이 말은 많은 것을 생각하게 하는 말이지만, 모든 인간은 자는 동안에 운이 바뀐다. 하루의 3분의 1 그리고 인생의 3분의 1을 지내는 침실은 속된 말로 팔자가 바뀌는 곳이다. 침실은 일생의 3분의 1을 지배하는 공간으로 운을 만드는 중심이며, 자신에게 주어진 천운을 바꿀 수 있는 곳이다. 침실은 출세 운과 결혼 운에 영향을 미치며 사업의 활력을 결정한다. 집에서 가장 많이 생기가 모인 곳에 안방이나 침실을 배치해야 한다.

안방은 기(氣)의 생성을 일구는 집의 중심으로, 특히 균형감이 중요시되는 곳이다. 침실은 부부뿐만 아니라 그 가정의 건강과 재물에 관한 운까지도

관여하는 공간이기 때문에 침대 위치나 가구배치와 벽지 색상 등에 유의해야 한다.

침실에 아침햇살이 들지 않는다거나, 너무 지나치게 밝은 경우, 또는 침상의 모양이나 침상에 사용된 이불이나 요의 색상이 체질이나 성격상의 색상과 맞지 않을 때는 건강과 재물 운 그리고 부부관계 등 여러 가지 곤란한 일들이 생긴다. 침대시트와 이불이 화려하면 남자가 바람을 피운다.

남편은 문에서 봤을 때 침대 제일 안쪽에서 자야 부부금실이 좋다. '재(財)테크 운'은 밤 11시부터 새벽 4시경까지 밤에 자는 동안에 이루어진다. 자시(子時-밤 11시~01시), 축시(丑時-01시~03시), 인시(寅時-03시~05시)에 자지 않는 사람은 건강과 행운이 매우 좋지 않다.

01 침실은 넓고 깨끗하며 집의 중심에서 북쪽이나 북서쪽이 좋다

침실은 행운을 부르는 중심점으로 넓고 깨끗하고 밝고 시원해야 운이 트인다. 집안에서 우선적으로 마음을 쓸 곳이 바로 침실이며 집안의 중심 또한 부부가 거처하는 안방인 침실이다.

- 침실은 집안 가족들의 왕래가 비교적 드문 조용하고 부엌에서 멀리 떨어질수록 좋다.
- 침실은 젊은 부부는 동쪽이나 남동쪽 방위가 좋다. 이곳 방위는 활기가 넘쳐 금전 운이나 건강과 승진 운이 있다. 40대 이후의 중, 장년의 침실은 서쪽이나 북서쪽 방위가 좋다. 이곳 방위는 안정된 기운이 흘러 위엄과 권위, 안정된 휴식, 금전 운의 기운이 발산되는 방위이다. 이때 침실의 위치를 바꾸기 힘들면 침대나 이불을 놓는 위치를 이곳으로 하면 된다.
- 침실은 집의 중심에서 가장(家長)이나 부부침실은 북쪽이나 북서쪽이 좋다. 동사택은 북쪽 방이 좋고 서사택은 북서쪽 방이 좋다.
- 침대와 이부자리는 서쪽이나 남서쪽에 두고 북쪽을 향해 자는 것이 행운을 부른다. 침대는 혼자라도 더블침대에 자는 것이 좋다. 그러나

- 여유가 없는 좁은 방에 침대를 두는 것은 좋지 않다.
- 침대나 이부자리는 침실방의 한가운데 놓는다. 이불은 매일 중앙에 깔면 좋다. 배(腹)가 방의 중심 위치가 되게 잔다. 침대 시트와 이불이 화려하면 남자가 바람피운다.
- 침실의 요는 부부가 따로 깔더라도 이불은 하나를 사용하는 것이 좋다.
- 침대 아래 바닥에는 베이지나 짙은 갈색 또는 녹색 계통의 깔개를 깔면 더욱 좋다.
- 밀폐된 침실은 건강과 재물의 손실을 본다. 침실은 기를 생성하는 공간이므로, 통풍도 되지 않고 아침 햇살이 들지 않으면 건강과 재물 운도 나빠지고 부부관계도 소원해진다.
- 공간을 많이 비워둔다. 꼭 필요한 가구나 장식품만 배치하여 기의 소통을 원활히 한다.
- 집안에 쓰지 않는 물건은 과감히 버려 깨끗하고 단정히 정리하여 기가 트이도록 한다.
- 가구나 장식품과 집기 등은 조화를 이루어야 한다. 가구나 장식품과 집기 등이 너무 크고 서로 어울리지 않으면, 그 속에 사는 사람들의 기질을 험악하게 만든다.
- 사용하던 물건은 반드시 제자리에 정리하고 정돈한다. 치우지 않은 상태로 두면 물건 등에서 뻔뻔한 기가 발생하여 그 기의 영향을 받는다.

- 집안 청소는 남편과 부인이 같이 한다. 함께 청소하면 가장에게 좋은 기를 많이 준다.
- 집안 공간의 모서리나 구석 청소를 깨끗이 한다. 모서리나 후미진 곳이 깨끗하지 않고 잡다한 것들이 쌓여 있으면, 가족 간에 화합의 기가 흩어진다. 그로인해 남편이 명퇴를 당하거나 아이들이 불량해진다. 이때 모서리나 기둥에 화분을 두면 나쁜 기운을 중화시켜 준다. 더러워진 창과 창틀을 통해서는 좋은 운이 들어오지 않는다.
- 침실 벽에 그림이나 장신구를 너무 많이 걸지 않는다. 많으면 기가 분산되어 혼란스러움을 준다. 큰 벽이라면 작은 그림 2개 정도가 적당하다.

- 침실 벽면에 걸어두는 그림은 부드럽고 따뜻하며 평화로운 풍경화나 밝은 분위기의 정물화가 좋다. 추상화나 동물그림, 또는 종교적 성향이 강한 그림은 고가의 훌륭한 작품이라도 흉하게 작용하므로 걸어서는 안 된다. 이런 그림이나 사진은 서재나 거실 앞 집안의 성스러운 기운이 감도는 북동쪽 벽면

에 걸어둔다.
- 침실에 걸어두는 그림은 자신의 취향에 맞는 것이라면 좋다.
  - 동쪽에는 사과, 토마토 등의 붉은 과일이 그려진 그림이나 꽃그림을 걸면 일의 능률이 향상된다.
  - 서쪽에는 밝고 환한 노란색 그림을 건다. 노란색은 황제와 권위의 색깔로 알려졌고 금전 운을 촉진한다.
  - 남쪽에는 한 쌍의 새가 높이 날아가는 사진이나 그림을 걸어두면 재능이 향상되고 능력을 발휘하여 기획에서 두각을 나타낸다. 해가 떠오르는 바다나 푸른 숲의 배경 그림을 남쪽에 걸어두면 좋다. 남쪽은 지혜와 창의, 용기, 도전력, 영감, 직감력이 뛰어난 방위이다.
  - 북쪽에는 같은 바다라도 약간 어두운 바다나 달밤의 바다 그림을 걸어둔다. 이런 그림들은 심리적으로 안정되고 숙면에도 도움이 된다.
- 깨진 유리창은 바로 수리한다. 깨진 상태로 방치하면 건강상 시력이 나빠지며 남편의 진로에 방해받고 자녀들 공부에도

영향을 미친다.
- 침실의 조명은 창가 부근 구석진 자리에 키 작은 스탠드를 설치하는 것이 좋다. 수험생이나 어린 자녀 방에는 출입문 부근에 작은 스탠드를 켜놓는다. 이때 빛의 방향은 천정을 향하도록 하는 것이 좋다.
- 침실에는 부드럽고 온화한 느낌의 백열등과 같은 전등을 이용하여 부분조명을 설치하면 집에 생기를 준다.
- 가족이 각각 각자 방에서 오래 생활하면 가족 간에 유대가 없어지고 심리적으로 우울증이나 권태 의욕상실에 빠진다.

02 남편은 침대 제일 안쪽에서 자야 부부금실이 좋다

남편(가장)은 문에서 봤을 때 침대 제일 안쪽의 위치에 취침하는 것이 좋다. 남편은 안쪽 벽 쪽에 자고 아내는 바깥쪽에서 자야 음양의 조화를 이루어 부부금실이 좋다. 아내가 기운이 없을 때는 잠시 서로 자리를 바꾸는 것도 좋다.

- 침대는 방문과 대각선이 좋다. 침실의 기운은 대각선으로 흐르기 때문에 문에서 먼 쪽에 기운이 세게 흐른다.
- 잠잘 때 30회 이상 뒤척이면 건강하고 조용히 자는 사람은 기가 빠진 사람이다.
- 침실의 가구는 되도록 동쪽으로 배치한다.
- 침실 화장실 내부에는 출입구 정면에 작은 화분이나 별도의 조명등을 설치한다. 화분은 시들지 않도록 관리하며 꽃이 핀 화분은 두지 않는다.
- 침실 전체의 색은 연한 베이지나 연황색이 무난하다. 자신이 좋아하는 색이라고 통일하기보다는 한 곳이나 두 곳 정도에 적절한 특징을 준다.

- 밝은 흙의 기운을 담은 황토색인 장판색이나 연한 아이보리 색상은 화합과 사랑을 이끄는 색상이다. 우리 조상들이 흙의 황색을 방바닥에 장판으로 만든 것은 땅의 노란 황색이 주는 밝은 기의 편안함 때문이라 본다.
- 침실 벽지나 커튼, 침대커버, 잠옷 등은 무늬가 없거나 단조로운 것이 좋다.
- 부서진 가구나 찢어진 벽지와 삐걱거리는 출입문 등은 그냥 방치하면 좋지 않다.
- 지상에서 90cm쯤이 가장 효과적으로 지기(地氣)가 왕성하게 작용하므로 1층의 침실은 침대를 높은 것으로 쓰면 좋다.

03 침실에는 가전제품을 피한다

침실에는 모든 가전제품을 두지 않는다. 전자제품 등은 나쁜 기를 내뿜어서 인체에 악영향을 주어 피해야 한다. 전자제품 등을 머리맡에 두면 숙면을 방해하거나 지기를 어지럽게 하여 호흡기 질환이나 두통과 불면증의 질병이 나타나기 쉽다. 가전제품이 모인 곳에는 화분을 놓아 흉한 기를 중화시키는 것이 좋다.

- 침실에는 침대가 놓인 방의 중앙 위치에서 각 방위에 맞는 물건들을 놓는다.

- 동쪽에는 텔레비전이나 오디오와 스피카 등을 둔다. 벽에는 시계를 걸고 높은 창이 있는 것이 이상적이며 동쪽에서 바람이 나오도록 에어컨을 설치한다. 방의 동남쪽에 출입문이 있으면 더욱 길하고 좋다. 문 옆에는 사이드 테이블을 놓고 그 위에 전화나 컴퓨터, 워드프로세서 등을 두고 꽃도 함께 장식한다.
- 서쪽에는 장식장을 두고 고급의 찻그릇이나 커피 잔과 귀금속 등을 넣어 장식한다. 북서쪽에는 큰 나무책상을 놓고 그 곁에는 화장대나 약간 큰 거울을 둔다. 실내는 거실용 마루에 놓는 플로어 스탠드나 벽에 브래킷 조명을 설치하여 항상 밝게 하는 것이 좋다. 그림은 스포트라이트를 비추면 좋다.
- 남쪽은 통풍용 창이 필요한 방위이다. 이때 창이 너무 크다면 창문 양쪽에 관엽 식물 화분을 놓아둔다.
- 북쪽에는 목제로 된 튼튼한 금고를 둔다. 금고 안에는 집문서나 귀중품, 보석, 인감, 통장 등 값나가는 물건을 빠뜨리지 말고 넣어 잘 보관한다.

• 여행지 등에서 구입한 아무 기념품이나 물건은 침실에 두지 않는다. 구입한 물건이 집안의 기운과 맞지 않으면 수입은 줄어들고 불필요한 지출이 늘어나 금전 운에 타격을 준다. 특히 찡그린 표정이나 칼이나 총을 든 흉한 모습의 조각상과 무거운 항아리를 지거나 이고 있는 아낙

의 모습들은 매우 나쁜 기념품이다. 꼭 두어야 한다면 침실에 두지 말고 서재나 거실 등 눈에 잘 띄지 않는 곳에 둔다.

- 침대는 벽에 바짝 붙이지 않는다. 나쁜 기운은 벽 쪽으로 몰리기 때문에 벽에서 최소한 20~30cm 떨어지게 한다.
- 안방에 큰 거울이 있으면 의견이 엇갈려 부부금실이 좋지 않다.
- 침실의 거울은 가능한 두지 않는다. 거울을 배치한다면 침대 머리나 끝은 피하고 옆면에 부착하거나 걸어두는 것이 무난하다. 여러 조각으로 나누어진 거울이나 낮게 걸려서 머리끝이 잘려 보이는 거울과 높아서 상체가 거의 보이지 않는 거울은 좋지 않다. 거울이 방문과 마주보고 있어서는 안 된다. 침실에 들어서자마자 거울이 보이지 않도록 하고 거울이 침대를 비추지 않도록 주의한다.
- 장롱에 부착된 거울 크기는 상반신 정도가 비추는 것으로 장롱가구 전체의 3분의 1을 넘지 않아야 한다.
- 침실에서 넓은 면적을 차지하는 장롱이나 옷장은 자신의 체질에 맞는 색상을 선택하면 기의 흐름이 좋다. 이

때 디자인이 요란하거나 돌출된 부위가 많은 것은 피해야 한다.

- 침실 방안에 침대 위나 머리 위에 에어컨이나 천정에 매달아 놓은 선풍기가 있어 움직이는 물건이 있다거나 뾰족한 것, 반짝거리는 것이 있어서는 좋지 않다. 모난 것이나 뾰족한 것이 머리 위에 있다고 생각하면 정신적으로 산만해지고 불안하여 안정을 취하며 숙면을 이루지 못한다.

- 물침대는 될 수 있는 한 사용하지 않는 것이 좋다. 특히 남쪽이나 서쪽에 물침대를 놓게 되면 큰물이 고여 있는 것과 같다. 그러면 필요 없는 돈이 지출되거나 낭비가 심해 집에 돈이 모이지 않는다. 또한 금전적인 송사나 손해배상과 사기 등의 문제가 발생한다.

- 물침대를 꼭 사용하고 싶다면 수생목(水生木)으로 수기(水氣)가 목기(木氣)에 도움을 주어 상생(相生)할 수 있도록 목(木)의 방위인 동쪽이나 남동쪽에 물침대를 배치하면 된다. 또는 금생수(金生水)가 되는 북서쪽 방위에 배치하면 된다.
- 침대 밑의 먼지나 더러움은 실내의 공기를 탁하게 하며 수면 중의 호흡에 영향을 미친다. 그로인해 알레르기 비염이나 천식, 기관지염의 원인이 되므로 아주 흉하다. 침대 밑에 먼지가 쌓였다면 진공청소기보다 물걸레로 깨끗이 닦는 것이 좋다.
- 침대는 출입문에서 볼 때 일직선상에 두지 않는 것이 좋다. 방문을 열었을 때 침대가 일직선상으로 보이면 건강도 나빠지고 부부 사이도 멀어지며 사업일도 잘 안 된다. 이는 출입문을 열 때 외부로부터 들어온 차갑고 거친 기가 침실을 바로 치기 때문이다.
- 침대는 출입문에서 대각선상으로 보이는 곳에 놓는다. 이때 베개는 출입문으로 오가는 모습을 쉽게 볼 수 있는 위치에 놓는다.
- 대문과 안방이 직선상에 놓이면 남편이 가정에 정을 붙이지 못한다. 이런 집은 중간에 나무를 심거나 화분으로 외부 시야를 가려서 막아준다.
- 침실 시계의 형태는 둥근 것이나 팔각형 모양으로 누워서 바로 볼 수 있는 위치에 둔다.

- 침실에 수맥의 여부와 관계없이 취침 지점에 얇은 동판을 깔면 좋지만, 수맥의 영향을 받는 집에서는 야외용 방수 매트리스를 침대나 소파의 매트리스 아래 깔아두면 수맥에 대한 불안에서 벗어날 수 있다.
- 침실이 부엌 위층에 있다면 아이가 잔병이 많거나 신경쇠약이나 우울증으로 불치의 병에 걸릴 수도 있다. 또 간장이나 비장이 나빠질 수 있으며 부부 사이나 부모와 자식 사이가 멀어질 수도 있다.
- 침실이 계단 아래나 옆에 있으면 재물운도 없고 불면증, 신경쇠약, 부정맥 등이 있을 수 있고 여성은 유산 위험이 있다. 침실이 엘리베이터 옆에 있어도 마찬가지이다. 계단 아래쪽에는 꽃이나 관엽 식물을 두어 흉기를 없애 준다.
- 장롱은 침실 출입문 좌측 벽면에 놓고, 침대는 창가에 머리를 둘 수 있도록 배치한다.
- 책상이나 화장대 등은 문을 바라볼 수 있는 위치로서 방문과 인접한 벽면에 둔다.
- 큰 화분이나 소파 등으로 창가를 막지 않는다. 창가에는 작은 화분이 적당하다. 아무리 작은 화분이라도 침대 머리에는 두지 않는 것이 좋다. 잠자는 침대 머리에 화분을 두면 산만해지고 쇠약해진다.
- 침대 머리맡에 꽃을 장식한다면 생화는 피하고 예쁜 조화를 두는 것이 바람직하다. 밤에는 생화와 나무들이 산소를 빼앗고 이산화탄소를

뿜어내므로 수면 중에 필요한 산소의 공급을 방해한다. 침실 가까이에 나무를 두면 건강을 해친다.
- 남쪽의 가상(家相)이 흉하면 부인이 극성스러워져 부부싸움이 잦고 자녀들이 탈선을 한다. 남쪽 창은 커튼을 쳐서 남쪽에서 오는 강한 기를 줄여 준다.
- 서쪽 방위는 즐거움이다. 서쪽 가상이 흉하면 즐거움이 퇴폐로 흘러 금전이나 성관계로 인한 말썽이 따른다. 딸이 결혼도 하기 전에 남자관계가 복잡하여 부모의 속을 태운다.

- 서쪽은 남녀가 즐기는 방위이므로 서쪽 방은 젊은 부부의 침실로 알맞다.
- 서북쪽이 흉한 가상인 집안에서는 이상한 종교에 푹 빠지는 가족이 생긴다. 흉한 시설을 길한 쪽으로 개선해야 한다.
- 밤늦게까지 장사를 하거나 나이가 든 사람은 머리를 북쪽으로 두고 잔다. 깊은 잠도 자면서 대인관계도 좋아지고 돈복도 따른다.
- 학생이나 아침 일찍 활동하는 사람은 동쪽으로 머리를 둔다. 동쪽은 해가 뜨고 활기를 띠며 성장하는 운세가 강한 방향이다.
- 침실에 많은 가구를 들여 놓으면 좋지 않다.

04 옷장은 꼭 마련한다

옷장은 꼭 마련해 두는 것이 좋다. 밖에서 입었던 옷은 먼지를 털어 옷장에 넣는다. 외부로부터 들어오는 탁한 기운이 집안 곳곳에 영향을 주지 않도록 하기 위해서다.

- 값비싼 옷장이나 화려한 장롱을 구입한다고 좋은 것은 아니다. 옷장 색상은 사용하는 사람의 취향에 맞게 쾌적한 것을 고른다.
- 옷장 안에는 평소 입는 20%의 옷만 남겨 둔다.
- 옷장이나 벽장 같은 수납공간은 기를 흡수하여 쌓아두는 공간이 된다. 눈에 띄지 않는 장소라고 옷이나 물건들을 함부로 방치해서 어지럽게 쌓아두면 좋지 않다. 옷장 속에 입지 않는 옷이나 벽장 속에 사용하지 않는 물건들은 바로 처분하여 깨끗이 정리해 두어야 한다.
- 조명은 태양 역할을 하므로 조명이 차지하는 비중은 매우 크다. 조명은 혼탁한 기가

많은 공간에서는 밝은 조명을 한다는 것을 꼭 알아두자.
- 침실조명은 두 가지로 천정에 하나, 침대 머리 쪽에 아늑한 분위기를 연출하는 스탠드 하나를 설치한다. 이때 스탠드는 조명밝기를 3단계 정도로 조절되는 것이 좋다. 첫 단계의 조명은 천정에 실내조명을 꺼도 충분히 책을 읽을 수 있는 밝기면 되고 다른 조명은 취침에 필요한 밝기면 된다.
- 침실의 조명은 눈이 부실 정도로 너무 밝거나 너무 어둡지 않도록 한다. 조명이 너무 밝으면 긴장되어 쉽게 잠들기 어렵고 금전 지출이 심하다. 반대로 너무 어두우면 방안의 흐르는 기가 탁해 사업이 잘 안되고 직장에서 승진도 힘들며 성격도 소극적으로 우울해지고 활기를 잃는다.

- 아파트는 대개 거실이나 방이 사각으로 되어 있는 경우가 많다. 거실이나 안방의 조명은 음과 양의 조화를 이루는 점에서 둥근 형태의 밝은 조명이 좋다. 사각조명은 음과 양의 균형이 어긋나서 가정 화목에 좋지 않다. 특히 성격이 민감하게 작용하므로 신경질적이 된다.
- 화장실은 어떤 좋은 방위를 써도 흉한 기운을

갖고 있다. 이에 환한 조명으로 기운을 길한 쪽으로 만들어야 한다. 눈이 부실 정도로 지나친 조명이 아니라, 변기에 앉아 책을 무난하게 읽을 수 있을 정도이면 된다.

- 화장실과 침실이 마주보고 있으면 화장실의 음기가 침실로 들어와서 모이게 되어 좋지 않다. 침실과 화장실 문이 마주 보고 있으면 그곳에서 자고 있는 사람은 위장계통과 간장계통의 질병에 시달리며 재물운도 없어진다. 이때 화장실 세면대의 거울이 침실을 향해 있다면 불면증이나 신경쇠약 등 머리의 병이 생긴다.
- 침실 바닥은 나무재질로 하면 편한 잠을 잘 수 있다.
- 동쪽에 부엌이 있고 서쪽에는 침실이 있다면, 언제까지나 건강하고 노망이나 치매와는 무관한 즐거운 인생을 보낼 수 있다.

05 금전 운을 원하면 노란색이나 금색이 좋다

침대 커버를 노란색이나 금색으로 하면 금전 운이 좋아진다. 부엌에 노란 장미나 프리지어와 해바라기 등을 꽂아두면 집 안의 재운이 상승한다.

- 침실 서쪽에 노란색을 놓으면 금전 운이 좋아진다. 돈이 없을 때는 서쪽 방위에 노란색 스탠드를 놓고 노란색의 열매를 맺는 관엽 식물을 침실 서쪽에 두면 좋다.
- 아파트의 저층으로 햇빛이 잘 안 든다면 밝은 금색이 포함된 벽지나 가구를 사용한다. 7층 이상에서는 땅의 기운을 보충해 주는 황토색[흙색]이나 엷은 갈색, 아이보리색을 쓰면 좋다.
- 침대머리는 대체로 동쪽이나 남쪽을 향하는 것이 이상적이다. 침대 위치는 창에서 들어오는 기운이 몸을 가로질러 흐르게 배치해서는 좋

지 않다.
- 침실은 따뜻한 느낌을 주는 벽지가 좋다.
- 방안의 남서쪽에는 작은 화분을 하나 정도 놓으면 좋다.
- 부부의 침실과 남편의 서재는 집안에서 서북쪽에 있으면 좋다.
- 서북쪽은 항상 깨끗하게 정리해 놓아야 남편이 한눈을 팔지 않는다.
- 서북쪽은 가장의 권위와 상급자로서의 통솔력을 지니는 힘이 있다. 그래서 남편 구실도 충실해지고 가족에게서도 존경을 받는다.
- 서북쪽이 길하면 남편의 출세 운이 강하여 경쟁사회에서 능력을 십분 발휘하는 힘이 있다.
- 집안에서나 방안에서 북서쪽은 가장[남편]의 방위이다. 그래서 탁자나 남편의 소지품과 기타 남편 물건은 모두 서북쪽에 둔다. 이것이 남편의 기를 북돋우는 비결이다. 지갑의 색깔은 밝은 것이 좋으며 지갑을 어두운 곳에 보관하면 재물을 잃는다.
- 집에서 서북쪽 자리에 물을 많이 사용한다든지 늘 습한 장소로 흉한 시설이 없는지 살펴본다. 만약 있다면 청결을 유지해야 한다.

- 북쪽은 남자를 남자답게 만들어 주는 정력의 운기가 있다. 북쪽에 큰 창문이 있으면 두꺼운 커튼으로 조절하고 남쪽을 밝게 한다.
- 남쪽(이방)이 흉상이면 부부간에 이별을 한다. 침실의 남쪽에 어항이나 물이든 꽃병을 놓으면 부부간에 애정이 식는다.
- 침실을 핑크빛이나 붉은색 계통으로 장식하면 이혼을 재촉하게 된다.
- 부부 사이가 시들해진 경우에는 침실을 남녀 간의 즐겁고 쾌락의 힘이 있는 서쪽으로 옮기면 좋다.
- 침실을 궁전과 호텔같이 화려하게 고급으로 꾸미면 남편이 다른 여자에게 빠져든다.
- 복권을 구입했으면 침대 밑 서랍이나 책상 아래 서랍에 넣어두면 좋은 일이 생긴다. 여성은 복권을 화장대나 TV 옆에 두면 당첨할 확률이 높다.
- 침실은 정리정돈이 잘 되어야 좋은 꿈도 꾸고 대인관계도 좋아진다.
- 침실에 동쪽이나 남쪽에 적당한 크기의 창이 있으면 좋다.
- 동쪽의 침실은 젊고 밝음을 가진 힘이 가득차서 기가 충만하여 활기가 넘쳐 젊은 사람에게는 최고의 침실이다. 그러나 화를 잘 내는 사람에게는 동쪽의 침실이 맞지 않는다.
- 서쪽의 침실은 에너지 충전이 잘되어 휴식을 위해서 좋은 방위이다. 회사나 상점을 경영하는 사람에게 좋은 방위로 사업이 잘되기도 하지

만, 다른 곳에 눈을 돌려 바람을 피우는 경우도 있다.
- 남쪽의 침실은 햇빛을 많이 받아 태양의 기가 가득차서 숙면하기가 어렵다. 남쪽의 침실은 예술이나 창의성을 찾는 직업의 사람에게는 좋지만 젊은이가 이 방위에 침실을 사용하면 방탕할 수도 있다. 그러나 중년 이후의 부부가 남쪽의 침실을 사용하면 활기찬 애정을 되찾을 수 있다.
- 북쪽의 침실은 사회적 성공보다는 조용하고 행복한 가정으로 화목해진다. 북쪽 침실은 대기만성(大器晩成)형 남성을 만들고 집중력을 필요로 하는 학자나 기술자로 크게 성공할 수 있다.

- 북동쪽의 침실은 변화가 많은 삶을 보낸다. 북동쪽에 침실을 두면 전근이나 이사, 전직, 사고, 질병 등 많은 고비를 당하게 된다.
- 남동쪽의 침실은 부부가 늘 신혼처럼 따뜻한 애정으로 화목한 가정을 이뤄 행복을 얻을 수 있는 방위이다. 사업이나 장사를 하는 사람에게 성공을 주지만 어느 때는 경솔한 사람으로 보여지기도 한다.
- 남서쪽의 침실은 차분함이 있는 대지의 충만한 힘을 받음으로 젊은 사람이라도 차분한 성격을 갖게 된다. 남서쪽의 기는 안정되어 있어 모든 사람에게 좋은 방위이고 특히 중년 이상의 부부에게는 매우 좋은 침실이다.
- 북서쪽의 침실은 남편과 남성의 방위로서 남성에 있어서 최고의 방위이다. 사회적으로 성공하고 건강도 하며 부부생활도 좋다. 한편 북서쪽은 운이 늦게 찾아옴으로 좋은 운이 올 때까지 기다리는 인내심이 필요하다.
- 중앙에 침실은 햇볕도 잘 들어오지 않아 좋지 않다. 중앙의 침실은 제왕(帝王)의 기운이 있는 곳으로 큰 회사를 경영하거나 큰 인물의 지도자라면 중앙에 침실을 두는 것도 괜찮다. 일반인은 중앙에 있는 왕의 기운에 눌려 잠이 잘 오지 않는다.

06 베개의 방향은 이렇게

하루 24시간 중 약 3분의 1을 차지하는 것이 수면시간이다. 잘 때에는 이동하는 일이 없으므로 베개를 어느 쪽으로 향하고 자는가에 따라 운기가 많은 영향을 받는다. 베개는 커다란 것이 좋다.

- 머리를 향하는 방위는 '**재테크**'와는 직접적인 관계는 없다.
- 체질이나 개인의 생체 리듬에 따라 자는 곳의 방위가 달라질 수 있다.
- 머리의 방향은 일반적으로 동쪽이나 남쪽과 남동쪽 3방위가 가장 무난하다. 이곳 방위는 활기, 행운, 인기, 건강을 주는 방위이다.
- 동쪽으로 베개 머리를 향하고 자는 것을 동침(東枕)이라 하여 권하고 있다.
- 젊음이나 활력은 모두 동쪽에서 온다. 젊음을 유지하고 가꿔나가기 위해서는 동쪽 방위에 신경을 쓴다. 동쪽은 해가 뜨는 방위로 동쪽에서 뜬 태양이 우리에게 하루 동안의 활동 에너지를 준다.

- 동쪽으로 베개를 베고 자면 젊음을 되찾는다. 풍수에서 젊음이란 생기(生氣)가 가득 찬 상태를 말한다. 활동적이고 생기가 넘친다는 것은 운이 따르고 있다는 것이다. 나이보다 늙어 보이거나 최근 주름살이 는다면 동쪽 방향으로 머리를 두어 베개를 베자. 동쪽은 젊음과 푸른 청(靑)을 상징하는 목(木)의 운기가 빠르게 흡수되어 머리 회전이 빨라지고 운동능력도 좋아진다.
- 햇것을 먹을 때는 동쪽을 보고 큰 목소리로 세 번 웃자. 동쪽 방향, 큰 웃음소리 세 번, 이것이 활력의 원천이 되는 기(氣)를 만드는 방법이다.
- 동쪽에 빨간 장미를 세 송이 정도만 꽂아둬도 양(陽)의 운기가 강해져 기력과 체력이 크게 상승한다. 빨간 장미는 젊음과 생기를 보충하는 효과가 있으며 행운을 부른다.
- 언어능력을 높이고 싶다면 주위를 빨간 장미로 장식하라. 생각지도 못한 좋은 일들이 찾아올 것이다.
- 동침(東枕)을 하면 아침에 자연적으로 일찍 일어날 수 있다. 영업이나 젊은 사람, 독립을 원하는 사람, 외교 업무를 보는 사람에게는 이로울 것이다.
- 서침(西枕)은 푹 잘 자면서 숙면할 수 있다. 요식업자나 금융업자들, 특히 불면증인 사람이나 중년의 사람에게 좋은 방위이다.

- 남침(南枕)은 영감(靈感)을 높여주어 예리해진다. 직감을 필요로 하는 사람에게 가장 적합하다. 밤늦도록 자지 않고 늦잠을 잔다. 기획이나 예능, 방송관계의 사람들에게 특히 알맞다.
- 북침(北枕)은 옛날부터 불길하다고 꺼려 왔다. 그러나 이것은 불교적인 생각에서 나온 것일 뿐 실제로 그런 것은 아니다. 사람의 몸은 수면 중 수(水)의 운기가 되어 머리를 통해 기(氣)를 흡수한다. 수(水)의 운기가 있는 북쪽에 머리를 두고, 화(火)의 운기가 있는 남쪽으로 발을 향하면 기가 원활하게 흐른다. 북침으로 잘 때는 두한족열(頭寒足熱 : 머리는 차고 발은 따뜻함)이 되기 때문에 숙면을 취할 수 있다. 또한 인간관계나 금전 운도 좋아지게 된다. 특히 두뇌노동을 하는 사람이나 경영자에게 좋은 방위이다. 북침을 피해야 할 이유는 없다.

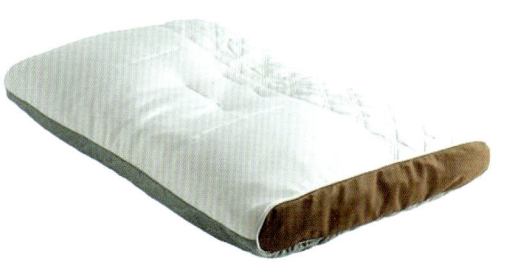

제8장
주방과 부엌은 이렇게 …

❖ 부엌은 집안의 돈복. 주방은 동쪽, 남동쪽, 북서쪽, 북쪽이 좋다
❖ 부엌이나 식탁은 청결, 부엌이 더러우면 돈복과 건강이 나쁘다
❖ 주방에 시계를 걸어두면 금전 운이 좋아진다
❖ 크고 화려한 색상의 외제 냉장고는 가족의 사랑을 잃는다
❖ 네 귀퉁이에 모두 다리가 있는 나무 테이블이 좋다

제8장 주방, 부엌은 이렇게…

부엌은 여성에게는 행운에 영향을 미치는 중요한 장소이다. 옛날부터 집안이 잘 되려면 덕이 있는 좋은 여자가 들어오고, 착하고 어진 여자를 만나야 한다고 했다. 주부의 심성이 착하고 악함에 따라 그 집안이 번영하기도 하고 몰락하기도 한다.

주역이나 풍수지리에서는 아내나 어머니를 대지[땅]에 비유한다. 땅(대지)은 모든 만물이 때가 되면 풍성한 결실을 맺도록 해주는 따뜻한 생활 터전이다. 어머니나 아내의 움직임에서 가족의 하루 일과가 시작되고 그들에 의하여 하루가 마무리 된다. 이와 같이 현모양처와 악처는 주택의 길흉에 따른 영향이 크다. 길한 가상(家相)이 주는 좋은 기를 주부가 받아 남편이나 자식의 운세를 좋은 방향으로 이끌어 준다. 부엌은 주부가 가장 오래 머무는 공간이다.

주부가 좋은 기를 받으면 온 가족이 건강과 행운의 임자가 되고 행복해진다. 부엌은 집안의 돈복을 좌우한다. 부엌에서의 주부나 여성의 역할이 매우 중요한 이유가 여기에 있다. 부엌은 갖은 음식을 만드는 곳으로서 주택의 기능 중 가장 중요하다. 같은 밥솥이나 그릇으로 똑같은 불로 요리한 음식을 가족이 둘러앉아 먹는다는 것은 매우 의미 있고 중요한 일이다. 그 식사로 가족 모두 똑같은 영양식의 건강한 세포가 만들어 진다. 과거의 부엌에서는 부뚜막에서 주걱으로 밥을 퍼낼 때도 손끝이 대문을 향하지 않도록 하는 관습이 있다.

이는 손의 움직임에 의해 부엌 내부의 바람과 행운의 기가 밖으로 빠져나가지 않게 위함이다. 그러나 요즘 주방은 내부에 위치하고 있어서 주걱 방향이 바람을 바꾸지는 않는다.

음식을 맛있게 만들기 위해서는 요즘은 주방의 위치나 형태와 방위가 더욱 중요하다. 좋은 방위와 밝은 조명과 청결에 유의해야 한다. 주방 위치에 따라 음식 맛도 달라진다. 대부분의 만병은 음식으로 인해 생기므로 주방이 길하면 자손이 번성하고 흉하면 질병에 시달리며 자손이 드물다.

주방이 거실과 같은 역할을 하기 때문에 주방 위치는 거실과 가깝게 있을수록 좋다. 주방은 공기 순환이 잘되는 위치에 있어야 한다. 주방은 동쪽이나 남동쪽, 북서쪽, 북쪽이 좋다. 다만, 동사택이나 서사택의 원칙에 따라 대문과 안방의 방위와 어울려 맞아야 한다. 양택에서 가장 중요하게 여기는 세 곳은 대문[현관]과 안방[침실] 그리고 주방[부엌]이다.

01 부엌은 집안의 돈복. 주방은 동쪽, 남동쪽, 북서쪽, 북쪽이 좋다

양택에서 가장 중요하게 여기는 세 곳은 대문과 안방 그리고 주방이다. 주방은 공기 순환이 잘되는 위치에 있어야 한다.

- 주방은 동쪽, 남동쪽, 북서쪽, 북쪽이 좋다. 다만 동사택, 서사택의 원칙에 따라 대문과 안방의 방위와 맞아야 한다.
- 아침 햇살이 비치는 부엌이 있는 사람은 출세를 한다. 햇빛이 바른 부엌은 대단히 좋다.
- 대문[현관문]과 부엌이 일직선이 되면 도둑이나 외부인이 들끓게 되어 좋지 않다. 자녀들의 방문과 일직선이 되는 것도 좋지 않다.
- 부엌에는 동쪽 방위에 있는 발육의 운기가 중요하다. 동쪽의 기(氣)에너지는 흉한 방위의 작용을 완화시킨다. 동쪽 부엌을 쓰는 집의 여성은 건강하여 그 주부로부터 받는 행운과 부엌의 기를 받아 가족도 건강하다. 다만 모든 것이 활기차고 자신만만하게 생각하여 낭비가 심하다.
- 부엌 커튼은 블라인드나 불연성의 커튼이 좋다. 이때 아침 햇살을 막지 말고 안으로 비치게 한다.

- 부엌이 남동쪽에 있으면 주부에게는 좋다. 돈도 들어오고 인간관계도 좋아지고 가족도 건강하고 행복하다. 그러나 남동쪽은 악취를 싫어하므로 주의해야 한다. 환기와 환풍기는 강력한 것으로 설치한다. 활발한 만남과 원만한 대인관계를 위해서 요리할 때는 될 수 있는 한 서서 하도록 한다.
- 남쪽에 부엌이 있으면 남쪽은 태양의 기가 넘치는 불의 작용이 있는 방위로서 물을 사용하는 부엌을 그곳에 두면 물과 불이 상호 반발한다. 그리되면 심리적으로 초조하고 불안하여 부부 사이에 갈등이 생기고 별거나 이혼의 위기를 맞을 수도 있다.
- 주방은 북동쪽이나 남서쪽에 있으면 좋지 않다. 이곳은 귀문이라 하여 꺼리는 방위다. 물이나 불결한 쓰레기와 음식찌꺼기 등을 쌓아두면 안 된다. 북동쪽은 햇빛이 들지 않는 방향이고 남서쪽은 햇빛이 잘 들기 때문에 음식물이나 요리재료가 상하기 쉽다. 쓰레기장은 주택의 북쪽에 설치하는 것이 무난하다.
- 서쪽 주방은 부인은 부인대로 딸은 딸대로 남자들과 어울려 정신을 팔리게 되어 좋지 않다. 또 재물이 줄어들고 돌발 사고나 횡액을 불러오며 주부는 자주 아프게 된다.
- 석양이 들어오는 부엌은 블라인드가 꼭 필요하다. 서쪽 햇살이 들어오는 부엌은 가족이 질병에 시달리며 돈과 사랑에 쓸데없는 정열을 쏟는

다. 그럼으로 블라인드로 햇빛을 가려 주어야 한다. 블라인드 색상은 노란색, 베이지 계열 또는 녹색이나 청색 계열로 한다.

- 부엌이 북서쪽에 있으면 여성이 남성적이 되어 남편 위에 앉아서 자신이 중심이 되어 사정없이 집안을 휘어잡는 경우가 많다. 북서쪽은 가장(家長)이나 아버지, 권위, 지도자의 상징을 의미하는 기운을 갖고 있는 방위이다.
- 부엌이 북쪽 방위에 있는 집에서 오래 살면 무엇이든 좋지 않은 면과 부정적인 것만 받아들인다. 주부의 성격은 침착하지만 어두운 것이 결점이며 불면증에 시달리고 심리적으로 안정을 못 찾고 동요가 심하다.
- 부엌이 집 중앙에 위치한 것은 매우 좋지 않다. 주부 혼자 집안의 모든 일을 생각하고 고민하므로 잔걱정이 많아진다.
- 부엌의 용품을 놓을 때는 방위에 맞는 색상을 구입하여 서쪽에는 노란

색을, 동쪽에는 붉은색 용품을 구비해 놓으면 좋다. 냄비나 컵 등 그릇 종류에도 꽃무늬가 들어간 용품을 사용하면 금전 운에도 좋다.

- 변비나 피부가 거칠어진다면 싱크대 주변을 깨끗하게 닦고 청소한다.
- 부엌은 집안의 돈복을 좌우한다. 좋은 방위와 밝은 조명으로 항상 청결에 유의한다.
- 밥을 풀 때 안방 쪽으로 밥주걱을 하면 복이 들어온다.
- 주방으로 들어온 운을 담을 수 있도록 설거지 한 그릇은 엎어두지 말고 바로 놓아둔다. 설거지가 끝나면 바로 물기를 닦아 정리한다.
- 행주는 들어온 운을 덮어버리는 역할을 하므로 행주로 덮어두면 금전 운을 방해하는 요인이 된다. 먼지 때문에 덮어두려면 흰색의 천으로 덮는다. 단, 이 흰색의 천은 행주로 사용하지 말아야 한다.
- 가능한 식기와 유리컵은 고급품으로 쓰고 유리컵은 늘 윤이 나게 보관한다. 플라스틱이나 싸구려를 쓰면 연애 운이나 가정 운이 좋지 않다.
- 식기와 유리컵은 반드시 문이 있는 곳에 넣어둔다. 식기를 높은 위치에 둔 집은 겉치레만 심하고 별다른 재산은 없다.
- 좋은 앞치마는 요리 만드는 의욕을 생기게 한다. 식사준비가 하기 싫으면 앞치마를 새로 마련해 본다. 이때 빨간색이나 노란색이 많이 들어간 활기찬 색깔로 장만한다. 그러면 요리가 맛깔나게 깔끔하고 신선하게 보여 앞치마를 두른 사람의 운기도 좋아진다.

- 더러운 슬리퍼는 좋지 않다. 돈이 필요한 사람은 부엌 바닥청소부터 하고 기름으로 더러워진 슬리퍼를 당장 버리고 깨끗한 새 슬리퍼를 쓴다. 실내에서 쓰는 슬리퍼는 속이 가죽으로 된 것이 좋다.

- 부엌 벽에는 일정표를 걸어 놓는다. 그러나 달력에 이것저것 지저분하게 써놓으면 부모 자식 간에 불화가 생긴다.
- 부엌에는 텔레비전을 두지 않는다. TV에서 발생하는 전자파가 요리에 들어갈 수도 있다.
- 부엌에서 듣는 음악은 전면보다 등 뒤에서 흘러서 들려오는 것이 좋다.
- 부엌 환풍기는 하나만 있으면 된다. 환풍기가 2개 이상 있는 부엌은 집안의 비밀이 외부로 흘러나간다. 아이 친구가 매일 식사를 하러오는 것도 대부분 환풍기에 문제가 있다. 예의범절이 없거나 문란한 것은 환풍기 탓이다. 바람이란 유행이나 예의범절과 인간관계 등을 나타낸다.

- 야채 바구니는 잘 정리해서 서늘한 곳에 둔다.
- 조미료가 쏟아져 있고, 조미료 병들이 기름에 절어 있고, 균형에 맞지 않는 용기에 들어 있어도 아무런 신경 쓰지 않는 주부의 자녀들은 밝고 솔직하게 자라지를 못한다.
- 식탁 한 곳에 약을 늘어놓아 두지 않는다. 약 먹을 일이 많이 생긴다.
- 주방용 칼 종류는 나쁜 기를 발산하므로 보이지 않는 정해진 장소에 가지런히 정리해 둔다. 보이는 곳에 두면 애정운도 나빠지며 여기저기 다칠 사고의 원인이 되고 고부간에 갈등이 생긴다. 반드시 서랍이나 칼집 안에 넣어둔다. 식칼이나 수저와 포크 등이 아무 데나 굴러다니는 집은 돈이 모이지 않고 대인관계가 나빠진다.
- 부엌에 뾰족한 물건이나 못이 지나치게 많이 박힌 부엌은 매우 좋지 않다. 주부가 다칠 수도 있다.
- 전기제품[가스레인지, 전자레인지]은 부엌에서는 꼭 필요한 물건들이다. 발산하는 에너지가 크기 때문에 놓는 위치가 매우 중요하다.
- 주방의 가스레인지나 풍로[곤로] 같은 불을 다루는 도구는 '**태기방**'에 놓아야 화를 면할 수 있다.
- 현관으로부터 외부 공기가 부엌을 향해 바로 들어오면 금전 운이 나빠진다. 또 부엌 입구에서 가스레인지가 바로 보이면 좋지 않다.
- 부엌이 화장실문이나 침실문과 마주보면 질병에 시달린다.

- 가스레인지 뒤에 있는 유리 창으로 햇빛이 가스레인지를 비추면 흉하고 가스레인지의 뒤에 창문이 있거나 열려 있으면 불길하다. 또 가스레인지[火] 옆에 배수관[水]이나 배수관 위에 가스레인지가 있으면 좋지 않다.

- 가스레인지가 머리 위에 설치되어 공중에 뜨는 형태라면 안정적이지 못하여 화상이나 위장병에 시달리며 재정난이나 도산으로 파산 위기에 처할 수도 있다. 이런 곳은 빨리 서둘러서 가스레인지를 안정된 다른 장소로 옮겨야 한다.
- 나쁜 기를 받으면 온갖 흉하고 불리한 일이 줄지어 닥치게 된다. 나쁜 기상도 필요에 따라 고칠 수 있다.
- 부엌바닥이 기름때로 끈적거리는 집은 금전 운이 좋지 않다. 부엌에는 여러 가지 소품이 많은데 거기에 기름때가 끼지 않도록 주의한다.
- 가스레인지가 더러우면 초조해지고 싸움을 하게 된다.
- 식탁에서 손이 닿는 곳에 전자레인지를 두어서는 안 된다. 가족이

모이면 체온에 의해 실내온도가 올라간다. 가까운 곳에 가스레인지의 불 화기와 체온의 뜨거운 열기의 작용으로 이별이 시작되어 다투거나 단란함을 잃어버린다.

- 가스, 전자레인지나 오픈 옆에는 반드시 작은 관엽 식물을 두어 레인지 주위에서 발생하는 화기를 빨아드리도록 한다. 또 젖은 쓰레기통 근처에도 관엽 식물을 둔다. 그러나 젖은 쓰레기는 속히 처리해야 된다.
- 부엌과 통하는 길목에 난이나 작은 화분 같은 관엽 식물을 두면 식구들의 건강에 도움이 된다.
- 토스타를 식탁에 내놓는 집은 가족이 흩어질 염려가 있으므로 주의한다.
- 식탁은 벽에 붙여두지 않는다. 식탁에 붙어 있는 벽이 운의 흐름을 막기 때문에 조금이라도 공간이 있다면 벽에서 뗀다.
- 식탁 위에는 지갑을 두지 않는다. 부엌은 불[火]의 기운이 강해 금전운을 다 태운다. 지갑과 영수증은 침실 서랍이나 상자에 따로 보관한다.
- 주방이 거실과 같은 역할을 하기 때문에 주방 위치는 거실과 가깝게 있을수록 좋다.
- 쌀은 경제적인 부(富)를 상징하여 부가 축적되고 외부로 새어 나가지 않도록 쌀통을 두는 위치는 주방에서 될 수 있는 한 동쪽을 향해 두는

것이 좋다. 또는 깨끗하고 청결하다면 남서쪽이나 동북쪽에 두는 것도 괜찮다.

부엌이나 식탁은 청결하게, 부엌이 더러우면 돈복과 건강이 나쁘다

부엌이나 식탁 위를 늘 청결하게 한다. 부엌이 더러우면 돈이 모이지 않고 건강에 좋지 않다.

- 환풍기가 기름때에 절어 있으면 주위 사람들과 교제가 원만하지 못하여 좋지 않다.
- 환기를 깨끗이 시키면 구설수에 오르는 일이 없다. 환기는 실내의 소리와 냄새를 함께 밖으로 나가게 한다.
- 식탁이나 싱크대가 어지럽혀져 있으면 가족 건강을 해친다. 식탁 위에나 싱크대 위에는 물건을 두지 않는다.
- 식탁의자는 윗사람이 서쪽이나 북쪽에 앉고 나이가 적은 사람은 동쪽이나 남쪽에 앉는다. 식탁 배치가 적절하지 못하면 연장자와 손아래 사람의 관계가 불편해진다. 식탁 배치로 인해 가족 간의 위계질서가 허물어져서 사소한 문제로 갈등이 심해진다.
- 윗분과 시어머니 잘 모시는 며느리는 효부와 현모양처이다.
- 싱크대 밑에 발판 같은 것을 깔아두면 사회적 지위가 좋아진다.

- 색상이 화려한 부엌세트는 과시로 보이지만 흰색이나 아이보리라면 밝은 가정이 된다.
- 녹색 계열은 안정된 수입이 들어온다. 노란색 계열은 남서쪽 부엌의 운기를 높여준다. 오렌지 계열이나 무늬가 있는 것은 젊은 사람에게 좋다.
- 부엌에 대리석이나 인조대리석을 쓴 사람은 겉치레가 심하다. 집의 요리보다 외식하는 것을 더 좋아한다.
- 마주보는 대면식 부엌을 쓰는 사람은 가족에게만 지나치게 신경을 써서 사회성 부족으로 외부와의 교류를 갖도록 노력해야 한다.
- 주방 겸용 식당이라면 각별한 주의가 필요하다. 음식을 준비하는 주방과 식사를 하는 식당과는 확실히 구분해야 한다. 식당에는 작더라도 식사용 테이블을 준비하여 식사하는 것이 좋다. 부부나 연인이 늘 사이좋게 지내려면 주방 겸용 식당이 아닌 완전히 구분하여 부엌은 부엌, 식당은 식당의 구분을 확실히 해준다. 부엌과 식당의 바닥을 따로 분류하여 깔든가 관엽 식물이나 가구 등을 잘 이용하여 구분해 준다. 식탁에는 과일 바구니나 꽃등을 장식해 두면 나쁜 작용을 조금은 줄일 수 있다.

03 주방에 시계를 걸어두면 금전 운이 좋아진다

주방에 시계를 걸어두면 금전 운이 좋아진다. 시계가 없으면 요리다운 요리를 할 수 없다.

- 주방은 항상 깨끗이 치워야 한다. 주방이나 요리기구에 기름때가 끼어 있으면 좋지 않다.
- 음식을 조리할 때는 환기를 철저히 한다. 조리를 할 때는 반드시 창을 열고 가스레인지 점화를 하는 습관을 들인다. 가스레인지를 켤 때 발생하는 연소 가스는 실내 공기 오염의 주범이다. 부엌에서 주부들이 쉽게 피곤해지는 것도 이런 이유이다.

- 일직선상에 죽 늘어놓은 시스템 부엌은 생활을 단조롭게 한다. 혼자 깊은 사색에 빠지기도 하고 새로운 일에 도전하는 일을 주저한다.
- 시스템(system) 부엌을 쓰는 집은 여러 가지 행운을 잡을 수 있다. 시스템 부엌은 가족 전체의 식사류와 금전 운, 행운에까지 영향을 미친다.

- 목제로 된 시스템 부엌을 쓰는 가정은 가족이 모두 건강하고 즐겁게 생활할 수 있다. 목제의 운기로 부엌을 꾸미면 인간관계가 나무의 기운으로 상승한다. 나무 표면에 광택이 있으면 아름다움을 증가시킨다.
- 싱크대 등은 국산이 좋다. 이는 수돗물도 가스불도 국내용으로 궁합이 맞아서 좋다.
- 싱크대는 커다랗게 하나로 되어 있는 것이 좋다. 하나(1)라는 숫자는 처음 새롭게 시작한다는 의미로 행운을 불러준다.
- L자형의 부엌에 변화를 주면서부터 인생의 전환기를 맞이한다. 길흉이 확실해져서 이로 인해 시스템 부엌을 잘 써야 한다.
- ㄷ자형의 부엌을 쓰는 사람은 대부분 쾌락만을 추구하는 경향이 있다.
  - 금전 운이 나빠지지 않도록 주의한다. 돈의 씀씀이가 커질 수 있으므로 가족 모두가 근검절약하는 마음을 가져야 한다. 눈앞의 일에만 몰두하여 소중한 인간관계를 잃을 수 있고, 돈에만 집착하면 좋지 않은 결과를

초래한다.
- 주방이 좁을 때는 천정의 조명을 밝게 해야 한다. 환기가 잘되고 밝은 방은 괜찮지만 어두운 부엌은 사회성을 잃는다.
- 조명은 천정 중앙에 달아야 한다. 식탁 위 조명도에 따라 요리의 질이 좋아지고 맛도 좋아진다. 싱크대 개수대 위에 등이 없는 부엌에서 요리하면 맛도 없고 건강운도 나빠진다.
- 음식은 밝은 곳에서 먹어야 한다. 특히 어린이들은 더 그렇다. 분위기를 낸다고 식탁에 촛대를 두면 아이와 함께 식사를 할 수 없게 된다.
- 조명이 가스레인지에 비치면 다른 여성이 요리를 할지도 모르니 조심해야 한다.
- 남편이 의심이 가면 가스레인지 위에 조명이나 불빛 등이 전혀 비추지 않게 주의한다. 그러나 조명 아래에 알루미늄 선반을 붙여 빛을 막으면 아주 나쁘다.
- 수도배관이나 가스배관, 호스들이 더러우면 밥을 얻어먹는 신세가 된다.
- 부엌에서 쌍태산이 마주 보이는 집은 쌍둥이가 많이 난다.
- 배수가 막히면 변비가 생긴다.

04 크고 화려한 색상의 외제 냉장고는 가족의 사랑을 잃는다

시스템 부엌을 쓰는 집은 냉장고도 같은 색 계열로 한다. 크고 화려한 색상의 큰 외제 냉장고는 가족의 사랑을 잃게 된다. 냉기가 커서 부엌의 방위에 따라서 고부간의 갈등이 생기고, 부모와 자녀가 오순도순한 집에 모여 사는 것이 어려워진다. 서쪽이나 북서쪽 방위는 특히 좋지 않다.

- 냉장고를 살 때에는 강렬한 색상을 피한다. 눈에 확 띄는 디자인의 냉장고도 좋지 않다.
- 좁은 부엌에 큰 냉장고를 두고 쇼핑 시간을 줄이는 젊은 부부들 중에 부엌이 서쪽에 있고 냉장고가 동향으로 놓여 있으면 낭비벽과 바람기에 주의해야 한다.
- 냉장고에 문이 많으면 이혼까지 이르는 경우도 있다. 크게 좌우로 또는 아래위로 3개 정도가 적당하다.
- 냉장고를 각종 자석으로 뒤덮지 말아야 한다.
- 냉장고 위에는 꽃을 꽂아 둔다. 냉장고 위에는 지저분하게 이것저것 얹어두지 않도록 한다.

- 냉장고 색상에 따라,

- 흰색 계열일 때는 = 인간관계
- 녹색 계열일 때는 = 일
- 청색 계열일 때는 = 사랑
- 그 밖의 색상은 = 건강에 주의한다.

- 전자레인지를 냉장고 위에 얹어두면 주부가 매일 요리할 수 없고 식사가 맛이 없다. 냉기 위에 화기가 있으면 의욕이 없어지고 안일하게 된다.

- 냉장고와 전자레인지는 마주보거나 붙여놓지 않는다.
    - 물(水)의 기운이 강한 냉장고와 불(火)의 기운이 강한 전자레인지는 상극이다. 붙어 있으면 뜨거운 열(熱)과 찬 냉(冷)기운이 충돌해 간질환이나 신장병에 걸리기 쉽고 신경질적인 사람이 되며 지출이 많아지고 금전 운이 급격히 떨어진다. 장소 배치로 어쩔 수 없을 경우에는 중간에 나무판을 놓아서 중화시킨다.

05 네 귀퉁이에 모두 다리가 있는 나무 테이블이 좋다

둥근 테이블을 쓰는 사람은 인간관계도 좋다. 아울러 사랑과 금전운도 사업일도 잘된다.

- 나무 테이블을 쓰는 가정은 요리 자체도 격이 올라가고 자녀 아이도 크게 된다. 데콜라 계열의 테이블을 쓰는 집은 큰 재운이 따르지 않는다.
- 나이가 들수록 각이 원만한 것이 좋다. 젊은 사람에게는 사방팔방 각진 것이 좋다.
- 테이블 놓는 방향에 따라 운기의 강약의 강도가 달라진다.
- 8미터 이상의 큰 테이블을 사용한다면 각이 약간 둥글게 된 것이 좋다. 8미터 이하면 원형은 피하고 꼭 각이 있는 것을 쓰도록 한다. 각이 조금만 있어도 괜찮다.
- 테이블 중앙에 다리 하나만 있는 것을 사용하면 안정감도 없고, 남편의 정력이 없어진다.
- 네 귀퉁이에 모두 다리가 있는 것이 좋다. 안정감도 있고 여기에서 식사를 하면 한층 생기가 더해진다.

- 모조품으로 겉만 깨끗한 것은 좋지 않다. 도료(塗料)가 표면에 밝게 칠해진 테이블은 중년 이후의 운이 없다.
- 너무 지나치게 밝은 색상의 테이블은 피한다. 별장이나 펜션 같은 곳에서는 써도 괜찮다.
- 테이블과 의자는 같은 소재로 한다. 또는 색상을 맞추는 것이 좋다.
- 인테리어로서 좋아 보이는 긴 의자나 벤치 식 의자를 쓰면 좋지 않다. 가족이 단란한 듯 보이지만 실제로는 그렇지 않다.
- 금속성 의자나 기묘하고 화려한 의자를 쓰는 사람은 사회적인 힘의 기(氣)를 잃는다.
- 식당의자는 심플하고 가족이 앉기 쉬우며 앉는 부분은 천으로 된 것이 좋다. 의자는 매일 사용하므로 싼 것보다 좋은 것을 골라 쓰면 행운을 부른다.

제9장
화장실, 욕실은 이렇게 꾸미자

- ♣ 화장실에 어울리는 길한 방위는 없다.
- ♣ 화장실 조명은 편안히 책을 읽을 정도의 밝기가 좋다
- ♣ 화장실 청소도구는 언제나 잘 정리한다
- ♣ 흰수건은 깨끗함, 화장실 슬리퍼는 반년마다 바꿔준다
- ♣ 수건은 한 장으로 가족이 공동으로 쓰지 않도록 한다
- ♣ 넓은 욕실을 사용, 북쪽 욕실은 남편이 바람을 피울 수 있다
- ♣ 깊은 욕조는 돈에 집착하여 항상 돈에 허덕인다
- ♣ 샴푸와 비누는 좋은 것을 쓸수록 사회적인 인기가 높아진다

제9장   화장실, 욕실은 이렇게 꾸미자

화장실에 어울리는 길한 방위는 없다. 해롭지 않은 방위를 찾는 것이 상책이다. 화장실은 어느 방위든 그 방향의 중심선이 지나는 위치는 피해야 한다. 화장실의 변기가 놓이는 자리나 주방의 가스레인지 등, 불을 다루는 것들은 태기방에 설치한다.

이 방위는 기의 흐름이 순조로워 해를 끼치는 정도가 적다. 태기방이란 팔방위에서 사이사이를 더욱 세밀히 나눈 방위를 말한다. 화장실은 집의 중심에서 북동쪽과 동쪽의 중간, 남서쪽과 남쪽의 중간쯤이 조금은 무난하다.

서쪽이나 북쪽과 북서쪽, 귀문방위인 북동쪽과 남서쪽에 부엌이나 욕실 또는 화장실이 있으면 흉상으로 부부의 금슬이

좋지 않다. 화장실과 욕실은 환하고 청결해야 한다.

습기가 가득한 음기를 쫓아내기 위해서 밝고 환한 조명이 좋다. 화장실은 책을 읽을 만한 정도로 밝아야 한다.

눈부시게 밝은 불은 나쁘다. 화장실은 아무리 깨끗하고 화려해도 오물을 배출하는 장소이며 더러운 기운이 모여 있는 곳이다. 화장실을 흉한 방위에 설치하면 고혈압이나 간질환과 위궤양 등이 자주 발생하며 가장이나 장남이 요절할 수도 있다. 부부가 화장실 쪽으로 머리를 두면 애정이 식어 사이가 나빠지며 아이들 방이라면 성적이 떨어진다.

침대의 머리 부분이 화장실 쪽으로 향해 있으면 두통이나 현기증, 기억력 저하, 불면증, 피로가 겹쳐 만성질환에 시달리며 재물운도 없어진다.

01 화장실에 어울리는 길한 방위는 없다

화장실에 어울리는 길한 방위는 없으므로 해롭지 않은 방위를 찾는 것이 상책이다. 화장실은 어느 방위든 그 방향의 중심선이 지나는 위치는 피해야 한다. 화장실의 변기가 놓이는 자리나 주방의 가스레인지 등, 불을 다루는 것들은 최소한 놓이는 자리만이라도 '**태기방향**'에 설치한다. 이 방위는 기(氣)의 흐름과 조화가 매우 순조로워 해를 끼치는 정도가 적다. 태기방이란 8방위에서 사이사이를 더욱 세밀히 나눈 방위다.

- 현관과 화장실 문이 일직선인 집은 좋지 않다. 이런 집이면 현관과 화장실 앞에 관엽 식물을 놓든지 어른 키만한 병풍이나 가리개로 칸막이를 한다. 그리고 화장실 문에 작은 종을 달아주고 방의 문과 창을 아침저녁으로 열어 집의 기가 활발하도록 해준다. 현관을 들어가서 바로 화장실이 보이면 현관으로 들어온 생기가 화장실의 나쁜 기를 받아 생기가 원활하지 않아 숙면을 취할 수 없고 안정을 찾지 못하며 집안에는 환자가 항시 있으며 재물운도 없고 일들이 잘 안 풀린다. 현관은 집안의 어떤 문과도 마주하지 않는 것이 좋다.
- 부엌과 화장실이 마주보고 있으면 화장실의 음기 때문에 재물 운이

없어지고 신장이나 비뇨기 계통의 병으로 건강을 해치며 여성은 자궁과 관련된 부인병 질병으로 고난이 끊이지 않는다. 이런 경우에는 부엌과 화장실의 양쪽 문을 동시에 열어 두지 말고 화장실 환풍기를 계속 돌려 나쁜 기가 모여 있지 않도록 한다. 부엌문과 화장실 문이 마주보고 있지 않다면 크게 염려할 것은 없다.

- 화장실이나 배수관 쪽으로 머리가 향하면 불면증과 정신적인 병, 스트레스가 쌓인다.
- 화장실은 집의 중심에서 북동쪽과 동쪽의 중간, 남서쪽과 남쪽의 중간이 조금은 무난하다.

- 화장실 문을 열었을 때 변기가 일직선으로 바로 보이면 기를 다치기 쉬우므로 흉하다. 이런 집은 변기가 바로 보이지 않도록 문의 방향을 달리 하던지 칸막이 등 낮은 가리개로 가려두는 것이 좋다.
- 서쪽이나 북쪽, 북서쪽에 화장실, 욕실, 부엌이 있으면 흉상으로 부부의 금슬이 좋지 않다.
- 화장실은 밝고 단순하고 항상 청결해야 한다. 화장실은 가족의 건강을 위해서 특히 노인이 있다면 더욱 난방에 신경을 써서 따뜻해야 한다.
- 화장실 냄새를 없앤다고 강한 탈취제 등을 사용하면 좋지 않다. 은은한 냄새가 좋다.
- 화장실에 좋아하는 배우나 가수 등 사진을 크게 벽에 붙여 놓는 것은 좋지 않다.
- 화장실을 흉한 방위에 설치하면 고혈압이나 간질환, 위궤양 등이 자주 발생하며 가장이나 장남이 요절할 수도 있다.
- 집안 중심에서 북서쪽[건방]은 가장의 방위이다. 이곳에 화장실이 있는 집은 어머니와 자식들의 기세가 등등하여 자식이 부모 속을 썩이거나 폭행하는 불효의 패륜아가 생긴다. 또 가세가 기울고 자손이 귀해진다. 욕실이나 화장실 또는 주방 같은 공간이 서북쪽에 있으면 남자에게 나쁜 영향을 주어 항상 청결해야 한다.
- 서쪽[태방]에 화장실이 있으면 부인과 딸이 개방적이라 수치심이나

체면이 없이 행실이 좋지 않고 바람을 피운다.
- 동쪽은 맏아들의 품행이 난잡하고 주색에 빠져 몸을 망친다.
- 동남쪽은 부인의 추문이 끊이지 않고 성욕이 강해진다.
- 부부가 화장실 쪽으로 머리를 두면 애정이 식는다.
- 화장실 기운은 음기(陰氣)이므로 집안의 다른 양기(陽氣)를 억제한다. 습기가 가득한 음기를 쫓아내려면 밝고 환한 조명이 좋다.
- 화장실 문은 사용한 후 꼭 문을 닫는다. 화장실의 공기 중에는 오물냄새와 독가스가 포함되어 있고 물이 많이 있어 공기가 습하다. 화장실 문이 열릴 때마다 독가스와 습기가 다른 방으로 전달된다.
- 화장실 위치가 주택의 중심 부분에 있을 경우는 화장실 공기가 실내에 확산되는 힘이 더욱 크다. 주택의 중심은 항상 깨끗하고 따뜻한 기운이 모여 있어야 한다. 그런데 이런 곳에 화장실이 있다면 집안 전체의 기운이 불결하게 된다.

화장실이 집의 중심에 있으면 재물운도 출세 운도 건강운도 잃어버린다. 주택 내부의 수세식 화장실이라도 될 수 있는 한 가장자리에 설치하여야 한다. 부득이한 경우에는 화장실 기운이 주택 내부에 퍼지지 않도록 항상 깨끗하고 청결하게 하며, 될 수 있는 한 환풍기를 계속 돌려 화장실 안에 몰려있는 탁한기를 완화시켜 준다. 그리고 조명으로 밝게 해주며 화장실 입구에 관엽 식물을 놓는다.

- 화장실은 환기상태가 나쁘면 안 된다. 안쪽은 흰색으로 밝게 칠하고 환기에도 유의한다.
- 북동쪽에 화장실이나 부엌이 있으면 청결이 하고 흰색으로 칠을 하여 밝은 느낌을 준다. 흰색칠과 흰색 화장실, 흰색 주방 설비를 사용하면 북동쪽을 길상으로 만들 수 있다.
- 화장실 바닥은 깨끗이 하는 것이 원칙이지만 너무 깔끔해도 복이 들어올 수 없다. 맑은 물에는 고기가 살 수 없듯이 너무 깨끗함을 강조하는 것은 좋지 않다. 습기와 더러움만 없애는 정도면 된다.
- 부엌, 욕실, 화장실, 세면장 등 물이 있는 곳은 통풍이나 환기를 잘해야 한다.
- 욕조에 물을 받아 두거나 싱크대에 설거지 할 것을 그대로 둔다든가 배수관이 막혀 있으면 주부에게 영향을 끼친다. 고인 물은 혼탁한 기로 물을 받아두면 주부에게 흉한 탁한 기가 흡수되어 피부에 좋지 않으

며 남편과 자녀들에게 영향을 미쳐 가정이 싸움이 잦고 가족들이 밖으로만 돈다.

- 물이 있는 곳들은 가족의 운기에도 영향이 있다. 그래서 화장실에 소금을 담아두면 나쁜 기운을 어느 정도는 몰아낼 수도 있다.

02 화장실 조명은 편안히 책을 읽을 정도의 밝기가 좋다

조명은 밝아야 한다. 어두운 화장실은 비위생적일 뿐 아니라 중요한 시기에 당신 건강의 운기를 떨어뜨린다.

- 조명이 어두우면 바꾼다. 조명은 은은한 느낌의 갓을 씌운 등이 좋다.
- 화장실 조명은 편안히 책을 읽을 정도의 밝기가 좋다. 눈부시게 밝은 불은 나쁘다. 스포트라이트처럼 비치는 조명은 금물이며 광원이 보이지 않는 덮개가 달린 조명기구를 쓴다.
- 화장실 조명이 요란스런 장식이 달린 호화스러운 조명이나 색깔 조명일 경우 부부싸움이나 남녀 간에 다툼이 생겨 좋지 않다.
- 꽃무늬 덮개나 디자인이 정교한 조명기구도 좋지 않다. 심플한 것을 골라야 한다.
- 변기 안의 물에 조명기구의 불빛이 반사되어 비치면 좋지 않다. 조명기구를 바꿀 수 없으면 조명 아랫부분에 불연성 비닐을 붙여서라도 물에 비치는 것을 방지할 방법을 찾는다.
- 화장실에 창문이 없는 집은 조명과 환기에 더욱 신경을 써야 한다.
- 화장실 조명은 한가운데 달려 있는 것이 행운을 가져다 준다.

03 화장실 청소도구는 항상 잘 정리한다

화장실 청소도구는 중요한 것이므로 언제나 잘 정리해 두어야 한다. 화장실 청소도구를 아무 데나 둔 집의 아이는 공부하기 싫어해서 열심히 공부하지 않는다. 걸레 등을 손 씻는 곳에 올려두지 않도록 한다.

- 방취제의 냄새가 강해서 문을 여닫을 때마다 거실이나 다른 방에 그 냄새가 퍼지는 것은 좋지 않다. 냄새가 강하지 않은 것으로 은은한 것을 쓴다.
- 문손잡이에 귀여운 천 덮개나 액세서리 등을 달아 놓는 것은 좋다. 그러나 교환하지 않고 더러운 손잡이 덮개를 그대로 씌워 놓으면 오히려 나쁘다.
- 핑크 계열의 장식품을 놓으면 여자아이가 심부름을 하지 않는다. 핑크는 화장실의 물 기운에 동화되어 놀기만 좋아하는 아이가 되기 때문이다.
- 청색 계열의 용품을 사용하는 집은 겉치레를 좋아한다.

04 흰 수건은 깨끗함, 화장실 슬리퍼는 반년마다 바꿔준다

타월은 늘 깨끗이 해둔다. 가능하면 새것을 쓰는 것이 좋다. 흰 수건을 쓰는 사람은 깨끗한 것을 좋아한다.

- 꽃무늬 타월을 쓰는 사람은 연애에 대한 열망이 강해진다.
- 예비 타월을 화장실 안에 두는 사람이 있는데 다른 곳에 두는 것이 좋다. 다른 잡화의 수납을 위해 장식장이나 찬장 등을 달더라도 타월을 수납하는데 쓰면 안 된다. 화장실은 흐트러진 공기가 흐르고 있기 때문에 그곳에 두면 좋지 않다.
- 화장실 슬리퍼는 반년마다 바꿔 준다. 좋은 슬리퍼를 쓰도록 한다. 싸구려 슬리퍼는 행운이 따르지 않는다. 슬리퍼 색은 흰색이나 베이지 계열이 무난하다. 매트 색상에 맞추어 슬리퍼를 놓아도 좋다. 슬리퍼를 놓지 않고 매트만 까는 집이 있는데 이것은 좋지 않다. 화장실에 들어갈 때는 반드시 화장

실의 슬리퍼를 신도록 한다.
- 변기 커버의 색깔은 녹색 계열이나 베이지 계열이 무난하다. 원래는 커버를 하지 않고 그냥 깨끗이 사용하는 상태가 더 좋다.
- 달력을 붙이면 시간이나 약속에 차질을 빚는다.

- 신문이나 잡지 등을 항상 화장실에 두는 것은 매우 좋지 않다.
- 화장실에는 인형 따위를 두지 않는 것이 좋다. 단, 도자기들은 괜찮다.
- 그림을 걸어둔다면 입구에 들어서서 오른쪽에 걸어두면 운기가 점점 좋아진다.
- 화장실 문에 당신이 좋아하는 장식품을 걸어두는 것은 괜찮지만 사람 그림이나 인형과 큰 포스터는 좋지 않다.

05 수건은 한 장으로 가족이 공동으로 쓰지 않도록 한다

목욕 수건 종류는 흰색이 가장 좋다. 아이보리나 엷은 베이지색, 또는 녹색이나 청색 등 옅은 색도 무난하다. 화려한 색상은 음과 양이 강하게 작용해서 목욕을 마치고 편안한 당신에게 아주 강한 영향을 미칠 수 있다.

- 컨디션이 좋지 않을 때라면 노란색이나 핑크 또는 빨강색 계통의 양기를 가진 수건을 쓴다. 컨디션이 지나치게 고조될 때는 청색을 쓰면 균형이 맞는다.

- 목욕수건이나 수건 종류는 세면장에 정리해서 둔다. 반드시 햇빛에 말린 뒤에 사용하며 수건 한 장을 가족이 공동으로 함께 쓰지 않도록 한다.

06 넓은 욕실을 사용한다
북쪽 욕실은 남편이 바람을 피울 수 있다

욕실은 남녀의 관계를 더욱 친밀하게 하거나 아니면 나쁘게 할 수 있는 장소이다. 욕실은 가능하면 고급스럽고 넓은 욕실을 쓰는 편이 좋다.

- 타일과 욕조, 수도꼭지는 반짝반짝 빛나게 닦아준다.
- 세면대 주변은 늘어놓지 않고 가급적 비워둔다. 좁은 장소에 화장품과 세재 등이 가득 놓여 있으면 기운을 떨어뜨린다. 매일 쓰는 제품만 놓고 나머지 용품은 별도로 보관한다.
- 욕조에 물을 담아두면 안 된다. 욕조에 물을 받아둔 채로 그대로 두지 말고 곧바로 빼준다. 세탁물로 쓰려면 날이 바뀌기 전에 세탁기

에 물을 옮겨 놓는다.
- 샤워한 후에는 창을 열어 환기시킨다.
- 욕실에 해바라기 꽃을 놔두면 좋다.
- 욕실에 하얀 도자기 용기에 샴푸나 린스 등을 담아두면 좋다.
- 욕실이나 화장실과 주방이 집안 남쪽에 있는 경우는 좋지 않다. 이런 집은 남편보다 부인의 언성이 높아져 남편은 고개 숙인 남자가 되어 상냥하고 애교스러운 여자한테 눈길을 준다. 만약 이곳에 있다면 습하지 않게 청결히 해야 한다. 흉한 시설은 물을 많이 사용한다든지 늘 습한 장소를 말한다.
- 샤워장이나 욕실의 순간온수기나 수도꼭지는 반짝반짝 윤이 나게 해둔다. 물이 깨끗한 곳에서 나온다는 것은 행운의 물을 사용하는 것과 같다.
- 세면장에 놓아두는 발 닦는 매트는 진한 색의 꽃무늬나 무늬가 많은 것은 피한다. 매트를 언제나 같은 것만 쓰는 집은 남편이 집에 돌아오기 싫어하여 좋지 않다.
- 북쪽에 욕실이 있으면 남편이 바람을 피울 수 있다.
- 체중계는 미와 건강을 위한 현대인의 필수품이다. 눈에 밝은 색으로 눈금이 크고 잘 보이는 것으로 방 안이나 구석에 두지 말고 눈에 잘 볼 수 있는 곳에

둔다.
- 서쪽에 욕실이 있는 집은 부부간의 즐거움을 다른 곳에서 찾는다.
- 욕실 환풍기는 습기에 젖은 먼지로 입구가 막히기 쉽다. 가끔 욕실의 환풍기를 청소해 습기나 냄새를 제대로 빨아들일 수 있게 한다. 또한 쾌적한 욕실을 위해 방향제보다 숯이나 공기 정화 식물을 놓아두면 좋다.

07 깊은 욕조는 돈에 집착하여 항상 돈에 허덕인다

플라스틱 욕조는 항상 깨끗이 청소해 두어야 한다. 스테인리스 욕조는 반짝반짝 윤이 나도록 닦아 놓는다. 욕조나 세면기, 변기, 수도꼭지, 샤워기는 항상 반짝반짝 윤이 나게 닦아두어야 맑은 기를 내뿜는다.

- 거품을 내는 것들을 욕조에 넣으면 안 된다. 몸을 닦는 데는 좋지만 운기는 거품처럼 그렇게 일어나는 것이 아니다. 냄새가 강한 입욕제는 피하는 게 좋다.
- 깊은 욕조를 좋아하면 돈에 집착하는 성격으로 항상 돈에 허덕인다.
- 욕조에 가득하게 물을 채우지 않고 들어가는 것이 좋다.
- 얕은 욕조를 좋아하면 인간관계에만 신경을 쓰는 성격의 소유자다.
- 색깔이 있는 욕조는 물이 깨끗하게 보이지만 제일 좋은 것은 나무이다.

08 샴푸와 비누는 좋은 것을 쓸수록 사회적인 인기가 높아진다

거울은 욕실 안에 있는 것이 좋고 항상 깨끗해야 한다. 너무 큰 거울보다 작은 것이 좋다. 거울은 4면(四面)이나 양쪽 면에 부착하기보다는 한쪽 면에 상반신이 잘 보일 정도의 크기가 좋다.

- 샴푸나 린스를 욕실이나 세면장에 많이 갖다 두는 것은 좋지 않다. 값싼 샴푸를 쓰는 집은 인간관계에서 다툼이나 이전에 대한 문제가 발생하게 된다.
- 욕실에 과일 향을 은은히 풍기게 하는 향취는 금전 운을 좋게 만든다.
- 욕실에 달 모양이나 별 모양의 비누 받침을 사용하면 필요 없는 지출을 막고 과거를 잊고 새로운 꿈에 도전하게 된다.
- 선물로 받은 비누를 쌓아 두고서 좋아하는 사람은 큰 인물이 될 수 없다.
- 좋은 냄새는 에너지를 만드는 작용을 함으로 비누는 고급품인 좋은 것을 쓸수록 사회적으로 인기가 높아지고 발이 넓어져 인망이 두텁고 대인관계 운도 좋아진다.

제10장
서재는 이렇게 꾸미자

✤ 서재를 배치하는 방위는 북쪽이나 북서쪽이 가장 길하다
✤ 서재에서는 잠을 자지 않는 것이 건강에 좋다

제10장 서재는 이렇게 꾸미자

현재 21세기는 경쟁사회이다. 우리는 살아남기 위해서 다른 사람을 앞서야 하고 이겨야 산다는 강박감을 안고 있다. 그러나 건강하지 않다면 그 모든 것이 소용없는 일이다. 그 건강과 힘의 공간으로 중요하게 작용하는 곳의 하나가 서재이다. 같은 방위나 같은 형태의 집에서 사는 사람이라도 그 운세는 판이하게 다를 수 있다. 그것은 그 사람의 지닌 성격과 건강 또는 운세에 의해서 그 기운이 달라지기 때문이다.

가장(家長)의 성공을 창출해 내고 사업으로 성공하고 싶다면 반드시 서재를 마련함이 좋다. 서재를 배치하는 방위는 북쪽이나 북서쪽이 가장 길하다. 북쪽은 차분함을 나타내는 방위로서 집중력과 지혜로움을 높이는 방위이다.

책이 가득 꽂힌 서재에서는 잠을 자지 않는 것이 건강에 좋다. 책의 본성은 맑지만 외부적인 모양은 탁하고 더욱 새 책인 경우 인쇄물이 내뿜는 공해로 인해 건강을 해치기 쉽다.

01 서재를 배치하는 방위는 북쪽이나 북서쪽이 가장 길하다

서재를 배치하는 방위는 북쪽이나 북서쪽이 가장 좋다. 북쪽은 물(水)을 상징하고 냉철한 판단력과 차분함, 그리고 지혜로워 출세를 할 수 있다. 꼭 북쪽 서재가 아니어도 서재 안의 책상을 북쪽으로 놓으면 좋은 기(氣)가 생겨 하는 일들이 잘되고 사업도 좋아진다.

- 직장에서 좌천될 우려가 있는 사람이나 윗분이나 상사에게 잘 보여서 전근을 원치 않는 사람은 서재를 북서쪽에 배치하면 좋다.

- 책상은 북쪽이나 동쪽을 향해 놓는다. 북쪽은 냉정한 판단력을 주므로 책상을 북쪽으로 향해 놓으면 좋다. 사업가라면 남쪽을 향해 책상을 놓는 것도 좋다.
- 책상은 나무로 된 큰 것이 좋으며 광택이 날수록 더 좋다.
- 아이들에게 책상을 사준다면 크고 좋은 것으로 구입하고, 양쪽

에 서랍이 있는 책상을 선택하도록 한다. 책상 한가운데 꽃 한 송이를 꽂아 주면 향학열이 생길 것이다.

- 의자도 책상처럼 큰 것이 좋다. 가죽으로 된 것이 가장 좋고 그 다음은 천으로 된 것이 좋다. 금속성으로 번쩍거리는 것은 사지 않도록 한다. 색상은 갈색 계열로 한다. 가능한 청색 계열은 하지 않도록 한다. 그러나 아이들이나 학생들은 무난하다. 바퀴는 없는 것이 좋으나 있다면 소리가 나지 않도록 주의한다.
- 서재의 창문은 작은 것이 좋다. 특히 북쪽의 큰 창은 나쁘기 때문에 피하도록 한다. 지나치게 큰 창은 안정감과 기력을 상실하므로 커튼이나 블라인드 등을 쳐서 지나친 빛과 바깥기운을 적당히 차단한다.
- 커튼은 너무 진한 색상은 나쁘다. 커튼은 천과 레이스 두 겹으로 하면 좋다. 직업에 따라 기술직이나 연구직인 사람은 베이지 계열이나 녹색 계열로 하고, 영업직은 청색 계열이 업무에 운을 돋운다. 줄무늬 커튼을 달면 점점 서재를 멀리하여 그 서재에 오랫동안 있을 수 없게 된다.

- 책상 왼쪽에 창문이 있으면 가장 좋지만 창문이 없더라도 환기구가 있으면 괜찮다.
- 어두운 것은 스탠드 조명을 이용하면 마음이 차분해진다.
- 조명은 천정 중앙에 한 개와 스탠드를 반드시 둔다. 스탠드는 글 쓰는 사람에게는 필수품이지만 어린이들은 안 쓰는 것이 좋다.
- 서재에 휴식용 테이블은 원탁을 두면 좋다. 사각형은 음(陰)의 기를, 원형은 양(陽)의 기를 내품는다. 서재가 사각형인데다 책상이나 책장 등이 사각형이 많으므로 원탁을 써서 음양의 기운을 조화시켜 주면 좋다.
- 벽면에 여유가 있다면 작은 그림을 걸어도 좋다.
- 재떨이나 연필꽂이 등 자신의 취미를 살리는 공간은 좋으나, 기념품 같은 것 등을 어수선하게 걸어두고 혼자 좋아하는 것은 좋지 않다.
- 서재에 냉난방이 너무나 잘되는 것은 좋지 않다. 겨울에는 발만 따뜻한 정도가 알맞다.
- 서재의 전체적인 인테리어는 모두 갈색으로 하는 것이 좋다. 짙은 갈색 계열로 통일시키면 그 서재가 출세의 첫걸음이 된다.
- 책은 책상 정면에 꽂아두지 않는다. 정면에 책을

많이 꽂아둔 사람은 그 서재에서 오랫동안 공부를 하기 싫고 머리에도 잘 안 들어가게 된다.
- 책은 좌측이나 우측 어느 한쪽이나 등 뒤에 꽂아둔다. 특히 등 뒤에 꽂아두면 그 서재에서 반드시 크게 출세를 한다. 책상은 좋은 길(吉) 방위에 놓고 책장은 흉(凶) 방위에 놓아서 흉한 기를 제압해 둔다.
- 서재에는 취미로 보는 책을 함께 꽂아두도록 한다.
- 서재는 당신만의 것이기 때문에 사용한 뒤에 꼭 잠근다.

02 서재에서는 잠을 자지 않는 것이 건강에 좋다

책이 가득 꽂힌 서재에서는 잠을 자지 않는 것이 건강에 좋다. 늦은 시간까지 일을 하다가 책으로 둘러싸인 서재에서 잠드는 일은 삼가하는 것이 좋다. 또 부부싸움 끝에 서재에 이불을 펴고 자는 남편이나, 가끔 침대보다는 서재에서 자는 것이 더 편하다는 사람도 있다. 이는 자신의 몸에 잔병을 불러들이는 것이다. 책의 본성은 맑지만 외부적인 모양은 탁하고, 더욱 새 책인 경우 인쇄물이 내뿜는 공해로 인해 건강을 해친다.

- 컴퓨터는 창가나 방문 근처에 설치한다. 컴퓨터에서 나오는 탁한 기를 빨리 외부로 빠지도록 해야 한다. 컴퓨터에서 나오는 전자파를 제어하려면 차분한 기운의 북쪽이나 생기를 넣어주는 동쪽에 놓으면 효과적이다.
- 서재는 고상한 가구로 편하고 아늑한 방으로 만드는 것이 중요하다.
- 서재가 없다면 침실이나 주방에 접이식 책상을 이용해서 서재 코너를 꾸며보는 것도 괜찮다.
- 주부에게는 개인적인 방으로 다용도실이 필요하다. 그곳에는 작아도 좋으니 붙박이식 책상을 꼭 놓도록 한다.
- 슬리퍼는 서재용 전용으로 준비하여 사용한다.

사람에게 관상(觀相)이 있듯이 집에는 가상(家相)이 있다.
집이란 사는 사람들에게 휴식과 새로운 활력을 제공하는 장소이고, 아울러 대를 잇고 생산을 도모하는 장소이다.

집은 길흉화복(吉凶禍福)을 다루며 좋은 기(氣)를 받으면 온 가족이 건강과 행운의 임자가 되지만, 나쁜 기를 받으면 온갖 흉하고 불리한 일이 줄지어 일어난다.

그러나 사람은 다행히 자기에게 불리한 환경을 개선할 줄 안다. 예로, 지붕에서 비가 새면 지붕을 고치고, 유리창이 깨지면 유리를 갈아 끼우듯이 나쁜 가상(家相)도 필요에 따라 고칠 수 있다.

가상(家相)의 좋고 나쁨을 가늠하는 방법으로는 집이 있는 주변의 산과 물의 흐름, 집의 생김새, 집을 지은 방위, 가구 배치와 가족들이 쓰는 방의 배치, 대문, 현관, 거실, 안방, 주방, 화장실, 욕실, 서재 기타 공간의 배치와 방향 등을 본다.

집은 땅과 방위로부터 오는 힘의 기(氣)를 사람에게 전해 주는 곳이다. 옛말에 '지유사세(地有四勢)에 기종팔방(氣從八方)'이라고, 좋은 기는 좋은 대로 나쁜 기는 나쁜 대로 전해준다고 했듯이 땅기운과 기가 서로 어울릴 때 건강과 행운의 기(氣)를 받게 된다. 그러나 워낙 나쁜 망지(亡地)는 섣불리 손을 대느니 다른 곳으로 이사를 가는 편이 좋다.

집이 크다고 해서 기가 잘 흐르는 것은 아니다. 가족은 없는데 분수에 맞지 않게 큰집은 거주자의 기를 공간에 나누어 주는 꼴이 되어 매우 좋지 않다. 주택이나 아파트의 경우 한 사람에게 가장 적절한 평수는 5~10평이다. 4인 가족이라면 20~40평이 알맞은 평수이다. 氣(기)는 모일수록 좋은 것이므로 작은 공간에서 가족들이 옹기종기 모여 사는 것이 좋다.

독자 중에는 '우리 집은 이런 방 배치가 아니다.' '우리 침실, 서재, 거실, 또는 부엌은 전혀 다른데…' 하고 순간적으로 판단하는 사람도 있을 것이다. 그러나, 필자가 제시한 것 중에 이상적인 방 배치, 또는 이상적인 인테리어로 조금이라도 당신에게 가능한 것이 있다면 그것을 찾아내자. 그리고 현재 살고 있는 집에 그것을 어떻게 응용할 것인지를 생각해 보자. 어떠한 집이라도 건강과 행운을 바라는 마음만 있다면 얼마든지 바꿀 수 있으므로 자신감을 가지고 시험 삼아 해보기 바란다.

필자가 제시한 것들을 읽는 것만으로도 건강과 행운의 운기를 당신의 집으로 불러들이는 것이 가능해질 것이다. 특출한 재능이 없어도 인테리어만 잘하면 당신도 '재테크'를 할 수 있고 비자금도 불릴 수 있다.

행복하고 운이 좋은 사람은 좋은 인테리어를 배치한 방에서 살고 있다. 인테리어를 바꾸고 가구배치를 바꾸는 것만으로도 운이 열린다. 밝은 황토색 같은 빛깔이나 모양들이 기분을 좋게 하며 건강과 행운을 부르기도 하고 내쫓기도 한다.

이곳에 모두 밝힐 수는 없지만, 옛 선조 조상님들을 비롯하여 풍수지리학을 오랫동안 연구하고, 나름대로 공부하시어 많은 책자로 또는 언론 매스컴 등으로, 여러 방면에서 활동하는 분과 후대를 위해서 열과 성을 다하여 가르치시는, 훌륭하신 수많은 선생님과 선배님들 그리고 동료분과 배우는 후배님들에게 아직도 연구하고 배우고 있는 필자가 무한한 존경과 감사함을 전해드린다.

뿌리 없는 나무가 있을 수 없고, 근원 없는 강물이 있을 수 없듯이, 한 뿌리에서 각기 모양과 색깔이 다른 꽃들이 피어나듯, 우리는 모두 각자 하는 일과 믿는 종교가 틀려, 모양과 색깔이 다르게 보이지만은, 우리들의 모든 뿌리는 단군 할아버지의 한 자손, 한 뿌리이며 풍수를 사랑하는 한 형제임을 절대 잊어서는 안 될 것이다.

나만이 움켜쥐고 놓지 않으려 발버둥칠 것이 아니라 서로 도우며 아는 것은 가르쳐 주고 모르면 열심히 배워 너와 내가 서로 성공하고 잘되는 그런 사회가 되면 좋겠다고 생각한다.

'가장 바람직한 사회는 교향악과 같은 사회'라고 본다. 교향악은 모든 악기가 저마다 제소리를 내지만 남을 해치지 않고 서로 아름다운 조화를 이룬다. 누구나 자기만의 빛깔과 향기가 있다. 비빔밥에는 여러 가지가 한 곳에 섞이지만 자기만의 맛과 색깔은 잃지 않고 건강한 영향을 듬뿍 안겨주며 어울리지 않는가. 모든 사람은 자기능력에 따라 하고 싶은 일을 할 때 가장 빛나는 것이다.

막연한 의무감, 그것은 사랑하는 감정보다도 큰 것으로 사람이 된다는 것은 바로 책임을 안다는 것이다. 자기가 하는 일에 사랑과 신념을 갖지 못하는 사람은 불행하다.

인간이 동물과 다른 점은 해야 할일과 하지 않아야 할일을 구분할 수 있는 것이라 본다. 해야 할일이 있다면 목숨을 걸고라도 행동하고, 해서 안될 일일 경우에는 절대로 하지 말아야 된다. 향나무는 자기를 찍는 도끼의 날에도 향을 묻힌다.

또 스스로를 태워 세상을 향기롭게 하며 악한 기운을 정화한다. 그러나 옻나무는 몸에 좋다고 유혹한다.

이를 믿고 가까이 하면 독으로 피부병을 전한다. 우리 모두는 이제 한 자루의 촛불로 여러 개의 초에 불을 붙여도 처음 촛불의 빛은 약해지지 않듯이 희생으로 어둠 밝히는 촛불이나 향나무같이 이 사회를 향기롭고 아름답게 밝혀 갔으면 한다.

'매일 맑은 날만 계속된다면 세상은 황량한 사막이 되었을 것이며 사막이 아름다운 것은 어딘가에 샘을 숨기고 있기 때문이다.'라는 말같이 풍수지리학을 사랑하는 우리가 아름답고 향기로운 세상을 만드는 숨은 샘물이라 본다.

겨울의 추위가 심하면 오는 봄의 나뭇잎은 한층 더 푸르듯이 대한민국이 세계 정신지도국이 될 것이며, 미래는 매우 밝고 희망차다. 독자 여러분, 늘 건강하시고 행복하세요.

끝으로 백범 김구 선생께서 즐겨 쓰시든 서산대사 시를 옮겨본다.

踏雪野中去(답설야중거)　　눈을 밟으며 들 가운데를 갈 때는
不須胡亂行(불수호란행)　　발자국을 어지럽게 걸어가지 말자
今日我行跡(금일아행적)　　오늘 내가 남겨 놓은 이 발자국이
遂作後人程(수작후인정)　　뒤에 오는 사람의 이정표가 되리라.

참고 문헌

- 풍수원리 강론 / 황영웅 지음, 동국비전, 2002.
- 아파트에도 명당이 있다 / 이한종 지음, 동아일보사, 1997.
- 신풍수 인테리어 / 유화정 엮음, 도서출판 예가, 2008.
- 실전풍수 인테리어 / 김종철(글 : 공문룡) 생활풍수연구회, 2008.
- 행운을 부르는 인테리어 / 고바야시 사치아끼 지음, 지은아 옮김, 청산, 1998.
- 생활풍수 인테리어 / 미도오 류우지 지음, 생활풍수연구회 편역, 느낌이 있는 책, 2008.
- 공부와 취직에도 풍수가 있다 / 정판성 지음, 청학출판사, 2008.
- 집안이 잘 풀리는 풍수인테리어 / 모산 편저 김현남 옮김, 동도원, 2010.
- 잘되는 집안은 뭐가 다른 걸까 / 이성준 지음, 예문.
- 각 일간지, 주간지, 월간지, 그 외 인터넷 등
- 풍수로 보는 터잡기, 강영수 지음, 예문당, 1995.
- 정통 풍수지리 교과서, 고제희 지음, 문예마당, 2009.
- 주택명당, 노영준 지음, 경덕출판사, 2006.
- 풍수지리와 건축, 박시익 지음, 경향신문사, 1997.

洪村 홍성훈

〈현재〉
- 경기도 이천출생
- 아동문학가/시인/동화구연가/시(문학)낭송가/연극인/풍수지리가
- (사)한국문인협회 홍보위원장
- (사)한국문협 문학낭송가회 회장
- (사)한국문협 서울종로문인협회 명예회장(회장역임)
- (사)한국문협 서울특별시지회 이사(부회장역임)
- (사)국제펜 한국본부 자문위원
- (주)뉴스매거진신문사 보도총괄국장. 논설위원
- (사)현정회 대의원, 단군나라 편집장
- (사)문학과학통섭포럼 감사
- (사)한국문협 평생교육원 동화구연가반 지도교수
- 한민족 정신문화 선양회 회장
- 황궁천제 선양회 회장
- 한국포엠아트 고문/문학의.집 서울 회원
- (사)한국수중환경협회 독도문화예술위원장
- (사)한국근우회 중앙위원

〈경력〉
- 동아일보사 부장 역임(동우회 편집위원)
- KT(한국통신) 언론자문위원 역임
- KTV(한국정책방송)언론 전문기자 역임
- 녹원환경뉴스신문사 논설위원 역임
- 풀꽃아동문학회 회장 역임.
- 재능동화구연가회 회장 역임
- 국민행복당 최고위원 겸 대변인 역임
- 제19대 종로구 국회의원 출마(국민행복당)
- 박근혜 대통령후보 중앙선대위 전략기획본부 문화진흥위원장(새누리당)

- 건국대학교 통합논술아카데미 지도교수 역임
- 한국언론신문방송통신협회 초대회장 역임
- 솔샘 영재학원 부원장 역임

〈풍수관련 주요활동〉
- 비봉산인(飛鳳山人) 황영웅(黃英雄) 선생 학문 사사(師事)
- 동국대학교 사회교육원·생활풍수 수료
- KBS 사회교육원 풍수지리 수료
- 서대문 문화센터 풍수지리 수료
- 뉴스매거진 '인테리어 풍수' 연재 (2004년부터 −8년간)
- RTN 부동산 TV 생방송 '풍수지리'「무엇이든 물어보세요」에 고정 출연함.
- 한국전통지리학회 고문 역임
- 동아일보사 산악회. 국선도. 기천문. 수지침 각회장 역임
- 국제문화예술협회, 기업체, 문화센터 등 '풍수 인테리어' 강의
- 비봉지리학회 회원

〈학력〉
- 국립체신고등학교 졸업
- 명지대학교 전기공학과 (공학사)
- 한국교육개발원 싸이버대학교 경영학 전공 (경영학사)
- 고려대학교 언론대학원 신문방송학과 (석사과정)
- 국민대학교 정치대학원 (리더쉽과정)
- 미국 죠지워싱턴대학교(G.W.U) 교육과 인간개발대학원 수료

〈수상〉
- 한국신문협회상. 한국문협작가상. 옹달샘 한−중 아동문학상.
- 황희문화예술상문학부문 대상. 전국아버지동화구연대회 최우수상,
- 재능전국동화구연대회 금상, 재능전국시낭송대회 금상,
- 김유정 전국소설낭송대회 은상, 전국이야기시합 최우수상.

〈저서〉
- **창작동화집** : 아버지를 사가세요. 남편을 팔았어요. 笑(웃는) 인테리어 풍수.
　　　　　　　피아노 선생님. 자라의 여행. 할아버지는 자랑스러운 소방관 등
- **창작만화** : 치우천황. 독도. 국조단군 등
- **함께 지은 책** : 풀꽃한다발 외 30여권
- **엮은 책** : 장보고, 케네디 등 10여권

〈연락처〉
- **저자주소** : 서울 종로구 자하문로 19길 3(옥인동 14)
- **핸드폰** : 010-4757-2525
- **이메일** : simon309@hanmail.net

본서보다 더 이상 쉽게 쓴 책은 없다.
청소년부터 100세까지 누구나 알기 쉽게 풀어쓴
인테리어 풍수의 요점만 정리한
가정의 필독서입니다.

이 한권의 책이 여러분의 가정에
행운과 복이 가득하길 …